玩出大能力

0~3岁婴幼儿早期运动发展指南

戴耀华　王书荃　王小萍　陈宝英◎主编

中国妇女出版社

图书在版编目（CIP）数据

玩出大能力 ：0～3岁婴幼儿早期运动发展指南 / 戴耀华等主编. -- 北京 ：中国妇女出版社，2025.1
ISBN 978-7-5127-2255-2

Ⅰ.①玩… Ⅱ.①戴… Ⅲ.①运动能力－能力培养－学前教育－教学参考资料 Ⅳ.①G613.7

中国国家版本馆CIP数据核字（2023）第002086号

策划编辑：王海峰
责任编辑：陈经慧
封面设计：末末美书
责任印制：李志国

出版发行：中国妇女出版社
地　　址：北京市东城区史家胡同甲24号　　邮政编码：100010
电　　话：（010）65133160（发行部）　　65133161（邮购）
网　　址：www.womenbooks.cn
邮　　箱：zgfncbs@womenbooks.cn
法律顾问：北京市道可特律师事务所
经　　销：各地新华书店
印　　刷：小森印刷（北京）有限公司

开　　本：170mm×240mm　1/16
印　　张：18
字　　数：260千字
版　　次：2025年1月第1版　　2025年1月第1次印刷
定　　价：89.00元

如有印装错误，请与发行部联系

本书编委会

主编

戴耀华

研究员、博士研究生导师，享受国务院政府特殊津贴，曾入选第三届国之名医。1969年毕业于上海第二医学院（现为上海交通大学医学院），1981年获中国医学科学院儿科学硕士学位。曾被世界卫生组织特聘为儿童和青少年卫生和发展专家执委会成员。现任世界卫生组织儿童卫生合作中心主任、国家卫生健康委儿童用药专家委员会副主任委员、中国优生优育协会婴幼儿养育照护专业委员会主任委员、中华预防医学会儿童保健分会名誉主任、中国妇幼保健协会儿童早期发展专业委员会主任委员。

王书荃

中国教育科学研究院研究员、教授，国家高级心理咨询师，著名儿童早期发展专家。中国优生优育协会特殊教育专业委员会主任委员、中国优生优育协会婴幼儿养育照护专业委员会副主任委员。曾任国务院中国关心下一代工作委员会专家委员会委员、中国心理学会心理服务标准化工作委员会委员、中国心理学会心理学普及工作委员会委员。主要著作有《婴儿的情绪与行为》《婴幼儿的智力发展与潜能开发》《婴儿成长日记》《新生儿婴儿护理养育指南》《新生儿婴儿早期教育指南》等。

王小萍

毕业于北京师范大学学前教育专业，从事婴幼儿早期教育工作40余年。中国优生优育协会婴幼儿养育照护专业委员会副主任委员、童芽亲子园总园长、北京市东城区东四五条幼儿园（北京市示范园）原园长、中国第一批亲子园之一——玫瑰亲子园原园长、中学高级教师。主要著作有《从小学做人》等。长期从事教育思想、教学模式、教学管理等的理论研究及实践工作，相关研究成果曾多次获得各种奖项。

陈宝英

主任医师、教授，享受国务院政府特殊津贴。中国优生优育协会婴幼儿养育照护专业委员会副主任委员。曾任北京积水潭医院党委副书记兼副院长、首都医科大学附属北京妇产医院党委书记兼院长、世界卫生组织母婴健康与妇女保健研究培训合作中心主任、北京妇产学会执行会长。从事医院妇产科医疗、管理，妇幼保健及健康管理工作50余年。主要著作有《新生儿婴儿护理养育指南》《新生儿婴儿早期教育指南》《陈宝英孕产育儿全书》等。

编　委

古桂雄　吴康敏　何守森　陈艳杰
郭建军　王荣辉　张大华

致　谢

各月龄宝宝及家长　韩雨兮　王　璐　魏泽睿　孙建颖　吕琳可　王　乐　杜伯犀　王岳清　徐紫章　张弛昀　杜宇辰　杨雨辰

游戏指导老师　焦婉清　康乃馨　王　玥　刘若兰

导演、摄像及剪辑　李　震　唐　臣

脚本编写　王小萍　张大华

配音人员　王小萍　陈伊沫　康乃馨　王　玥　华　莎

致谢单位　呼家楼新世纪幼儿园

懿英妈咪宝贝俱乐部（石景山店）

石景山希望之星幼儿园

北京有色金属研究总院幼儿园

工作人员　王　峰　文　盛　孟香香　邓银强　朱彦珣　孙喜娜　陈明伶

前言 FOREWORD

“婴幼儿运动发展”是儿童早期发展的重要进程。运动发展与脑的结构和功能的发育密切相关，也与脊髓和肌肉的功能发展有关。儿童早期发展是遗传机制和环境机制相互作用的结果。孩子的潜能不等于孩子的自然成长。从潜能的充分发挥到能力的形成，需要一个过程、一个桥梁，这就是孩子不可缺乏的养育过程和生活环境，以帮助孩子的潜能转变为实际能力。

由于营养和训练等条件的不同，婴幼儿在运动发展的快慢上存在个体差异。运动技能的发展是一个美好的过程，就像雕塑一般，每个阶段的成功都建立在之前取得的进步之上。训练对儿童的运动发展有很大的促进作用，但这种作用不是无限的，而是基于儿童的生长发育水平的。儿童运动能力的发展是遵循一定规律的，训练的目的是使儿童每个阶段的能力都获得充分的发展。重视孩子内在潜能的发展，要遵循孩子成长发育的基本规律，避免揠苗助长。

《玩出大能力：0～3岁婴幼儿早期运动发展指南》从新生儿呱呱坠地开始，以宝宝0～36个月的成长发育为时间轴，将科学的早教理论和活泼的亲子游戏紧密结合在一起，再加上互联网新技术的应用，将图文和视频高度结合，旨在为新手父母打造一套可供家庭亲子互动的简单易学且操作性强的育儿指南。

本书编委及审核专家均来自国内儿童早期发展领域，有的长期从事婴幼儿早期教育工作，有的年复一年深耕儿童保健领域，更有来自孕产期保健及儿童心理研究领域的学科泰斗。这些知名专家将为本书的专业性、科学性、实践性“保驾护航”。

本书的最大亮点是基于书中大量的0～3岁婴幼儿的运动游戏，取其精华，开发出32个配套视频。这在国内同类图书中绝对是首创。所有视频均由真人宝宝和指导者出镜。视频的拍摄和剪辑均有专家现场指导和审核。每一个游戏，从游戏目的的介绍，到游戏步骤的分解，再到游戏注意事项的解读都非常具体、实用。要特别说明的一点是，本书全部游戏的动作编排及配套儿歌的创作均为本书编委原创，这也是本书理论与实践紧密结合的有力佐证。

《玩出大能力：0～3岁婴幼儿早期运动发展指南》一书的写作和游戏拍摄历时一年。为了给中国新手父母定制一套亲子互动模范工具书，太多人为此付出了大量心血，在这里对他们的付出深表感谢。

儿童强则国家强，愿新手父母们可以从本书获益，愿本书能为千千万万儿童的健康成长保驾护航！

戴耀华

研究员、博士研究生导师，享受国务院政府特殊津贴

世界卫生组织儿童卫生合作中心主任

国家卫生健康委儿童用药专家委员会副主任委员

中国优生优育协会婴幼儿养育照护专业委员会主任委员

中华预防医学会儿童保健分会名誉主任

中国妇幼保健协会儿童早期发展专业委员会主任委员

目录
CONTENTS

第一章　婴幼儿运动发展概述

第二章　婴幼儿动作发展的特点

第三章 婴幼儿基本动作训练

第四章　婴幼儿运动发展早期促进措施

第五章　婴幼儿感觉统合训练

第一章

婴幼儿运动发展概述

婴幼儿运动发展的概念

“婴幼儿运动发展”是儿童早期发展的重要进程。运动发展与脑的结构和功能的发育密切相关，也与脊髓和肌肉的功能发展有关。儿童早期发展是遗传机制和环境机制相互作用的结果。孩子的潜能不等于孩子的自然成长。从潜能的充分发挥到能力的形成，需要一个过程、一个桥梁，这就是孩子不可缺乏的养育过程和生活环境，以帮助孩子的潜能转

变为实际能力。

由于营养和训练等条件的不同，婴幼儿运动能力的发展会有很大的个体差异。婴幼儿运动技能的发展是一个美好的过程，每个阶段的成功都建立在之前取得的进步之上。

训练对婴幼儿的运动发展有很大的促进作用，但这种作用不是无限的，而是基于婴幼儿的生长发育水平的。婴幼儿运动能力的发展是遵循一定规律的，训练的目的是使婴幼儿每个阶段的能力都获得充分的发展。

重视孩子内在潜能的发展，要遵循孩子成长发育的基本规律，避免揠苗助长。

婴幼儿运动发展是指 0 ~ 3 岁的婴幼儿，从抬头、抓握、翻身，直到走路、跑跳等，一切需要身体肌肉活动的运动发展过程，包含大运动发展和精细运动发展两个方面。婴幼儿大运动指涉及胳膊、腿、足部肌

肉，或全身的较大幅度动作，例如抬头、坐、翻身、爬、跑、跳、掌握平衡等；而婴幼儿精细运动则是指较小幅度的动作，例如用大拇指和食指捏起东西，转动脚趾或用嘴唇和舌头品尝、感受事物等。大运动和精细运动的发育是紧密配合的，因为人体的活动需要同时协调运用这两种技能。比如，婴儿在 3 个月大时，躺着的时候会把双手放在胸前（大运动），然后玩手（精细运动）。再比如，18 个月左右的孩子在玩积木游戏时，首先需要利用大运动来保持身体稳定，然后紧紧抓住积木，再用精细运动来进行各种调整，以便放入适合的位置。

婴幼儿运动学是一门新兴的学科，是医学、体育和教育的融合，需要儿科、儿童保健、运动、心理、教育等各个学科的专家共同努力才能得到长足发展。而对于 0 ~ 3 岁的婴幼儿，常规的儿童保健指导固然重要，父母和家庭对其的科学教育与培养更加重要。

婴幼儿早期动作分类及内容

婴幼儿早期动作分类

一般来说，我们是通过肌肉的外显活动认识动作并对其进行分类。在这里，我们仅从参与动作的肌肉群的大小和位置进行分类。

1．根据参与动作的肌肉群的大小，可以分为大肌肉动作（大动作）和小肌肉动作（精细动作）。

大动作包括基本姿势、移动技能和技巧动作。

精细动作主要指手和手指的动作以及手眼协调。

2．根据参与动作的肌肉群的部位，可以分为上肢动作、下肢动作及全身动作。

婴幼儿早期各种动作的内容

大肌肉动作（大动作）

大动作有三大类，那就是基本姿势、移动技能和技巧动作。具体内容如下。

1. 基本姿势

婴幼儿基本姿势的发展遵循由上到下的发展顺序和原则，即俯卧、头竖直、挺胸、坐、跪、站立、蹲。

2. 移动技能

获得基本姿势后，孩子从一处移往另一处的能力就是移动技能。移动技能动作包括爬、走、跑、跳跃。

3. 技巧动作

技巧动作包括投掷、接与抛、踢与停、操作控制、翻滚、跳跃、推拉等。技巧动作是以基本姿势和移动技能为基础的，前边的动作没有充分获得，就不可能发展出高水平的技巧动作。

小肌肉动作（精细动作）

精细动作是指手和手指的动作以及手眼协调，例如拇食指对捏、捻、压、折叠、捆绑等。

随着年龄的增长，孩子除了手和手指的动作以外，越来越需要双侧肢体的配合动作。例如，1 岁以内会传递、对击，2 岁会穿珠子，3 岁会扣扣子，4 ~ 5 岁会用剪刀剪东西。随着精细动作水平的提高，手眼协调能力越来越占主要地位，并贯穿于精细动作的始终。

上肢动作

如伸手、抛接物品等。

下肢动作

如抬腿、踢球等。

全身动作

如游泳、击剑等。

婴幼儿运动能力发展的基础

自出生起，孩子就有两种身体活动，即反射和反应。

反射动作是人类在长期进化过程中遗传下来的一系列动作，如吸吮反射、觅食反射、抓握反射等，是一种固定的反应活动，是个体对环境中特定刺激物的特定反应。新生儿正是运用此能力，才与陌生的世界取得了最初的平衡，从而保护自身的生存状态。

反应活动则是自发性的身体活动，既无目的，也无秩序，涉及身体各个部位，如转头、扭动身体、腿和臂的活动等。自发性的身体活动是日后运动能力发展的前提。

以前认为，新生儿的主要运动能力仅限于一些先天的条件反射。但近年来，大量的研究表明，新生儿已具备了一些复杂的动作能力，如躲避动作、够物动作、同步模仿动作等。

新生儿对迎面而来的物体或影像可产生躲避行为，会表现出眨眼、缩头或后仰等。当视线触及某一物体或影像时，新生儿可产生朝向该物的够取动作，这种够物动作并不能使他成功地取得物体，实际上是一种“前够物行为”。

此时，新生儿尚不能根据手的能力和任何反馈信息来调整自己的动作，但在3～4个月后，则会因视觉指导和依靠动作反馈协调产生够物行为。又如，新生儿对成人的伸舌动作可有同步反应的倾向，即新生儿已能模仿成人的面部表情而产生某些动作，如伸舌等。此时的动作不能被称作模仿行为，而是一种本能的同步反应。

婴幼儿运动能力的发展规律

婴幼儿运动能力的发展是先天因素和后天习得的结果，是由神经系统支配的骨骼、肌肉系统发育的结果。婴幼儿运动能力发展的顺序基本遵循人体生长发育的生物学本质。

首尾规律：由头部到尾端，由上肢到下肢的顺序发展的规律

婴幼儿动作的发展，先是上部动作，然后才是下部动作。婴儿最先出现眼和嘴的动作，然后是躯干、四肢动作。上肢的动作早于下肢的动作，先学会抬头，然后俯撑、翻身、坐和爬，最后学会站立和行走。

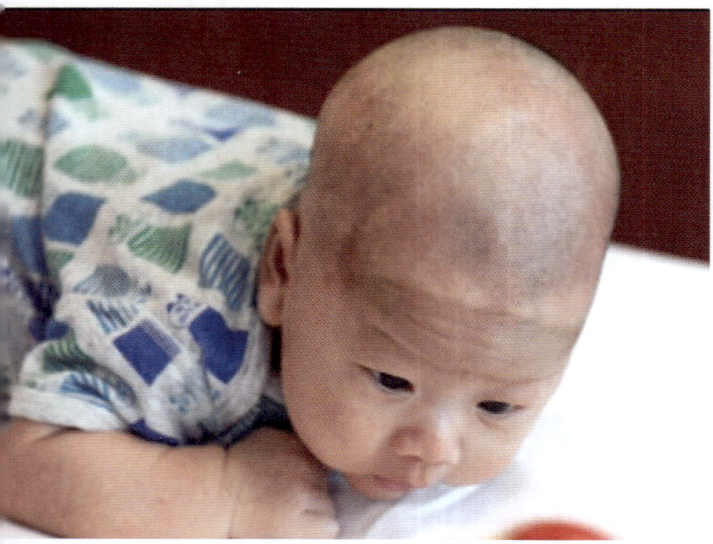

也就是说，离头部近的动作先发展，离足部近的动作后发展。这种趋势还表现在一些动作

本身的发展上，如爬行，先是学会借助于手臂的匍匐爬行，然后才逐渐运用大腿、膝盖和手进行手膝爬行，最后才是手足爬行。

近远规律：由身体的中线部位到身体边缘部位的发展规律

婴幼儿运动的发展先从头部和躯干的动作开始，然后是发展双臂和腿部的动作，最后才是手部的精细动作。

也就是说，靠近身体中线部分的头颈、躯干的动作先发展，然后才发展边缘部分，如臂部、手部、腿部、足部的动作。例如，婴儿看见物体时，先是移肩肘，用整个手臂去接触物体，之后才能慢慢学会用手腕和手指去接触并抓取物体。

大小规律：先发展大动作，再发展精细动作

婴幼儿动作的发展，先是从活动幅度较大的大动作开始，而后才学

会比较精细的动作。大动作是指抬头、坐、翻身、爬、走、跑、跳、掌握平衡等，即大肌肉群所参与的动作。大动作常伴随强有力的大肌肉的伸缩、全身运动神经的活动以及肌肉活动的能量消耗。精细运动是指吃饭、穿衣、画画、剪纸、玩积木、翻书、穿珠等。

从四肢动作发展而言，婴儿一般先学会臂与腿的动作，以后才逐渐掌握手和脚的动作。比如，孩子最开始通常是先用整个手臂去够物体，以后才会用手指去抓取。

无有规律：由无意识的活动发展出有意义的探索行为

婴幼儿动作发展的方向是越来越受心理、意识支配。婴幼儿动作发展的规律与其心理发展规律是一致的，即从无意行动向有意行动发展的趋势。

泛化集中规律：婴儿出生后的动作发展从泛化的全身性的动作向集中的专门化的动作发展

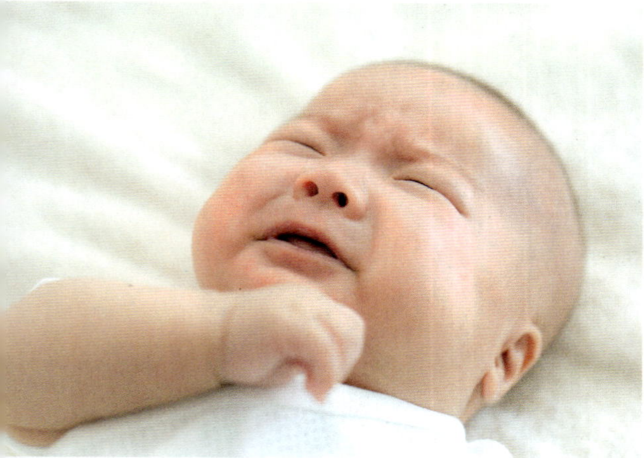

婴儿最初的动作是全身性的泛化动作，此动作是笼统的、无规律的。例如，新生儿在受到疼痛刺激以后会哭闹，并伴有全身性活动。而在新生儿期后，婴儿的动作逐渐分化，会向局部化、准确化和专门化方向发展。

婴幼儿运动发展的近期影响

0 ～ 3 岁婴幼儿的运动发展，在很长的时间里，均未引起广泛的重视。无论是家长，还是专业人员，都认为 0 ～ 3 岁婴幼儿的运动发展是一种“自主生长”的状态，顺其自然就好。实际上，0 ～ 3 岁的运动发展是婴幼儿机体各系统机能系统发展的基础。大量研究表明，婴幼儿的运动发展不仅对于孩子的神经系统、呼吸系统发育有影响，而且会影响到孩子的社交能力、心智成熟，甚至发展不利可为成年后的一些疾病埋下隐患。也就是说，婴幼儿运动发展对孩子一生的健康都有影响。

婴幼儿运动发展对睡眠的影响

婴幼儿睡眠质量是很多家长关心的问题。睡不好必然会影响孩子的生长发育。同时，经常半夜哭闹的孩子，也会扰得全家人心力交瘁。孩子的睡眠质量受很多因素的影响，比如环境因素、人为干扰、身体不适、饮食不当等，这些都是我们比较熟知的因素。而家长往往会忽视婴幼儿大运动发展对睡眠的影响。

其实，大运动的发展直接影响孩子的睡眠质量。大运动发展良好的婴幼儿，即大运动发展及时达到发育的里程碑，如翻身、坐、爬、站等，其睡眠出现波动的概率不到 50%。相反，大运动发展滞后的婴幼儿，睡眠质量会直接受到影响。如果大运动发展的关键时间点滞后 2 个月左右，其睡眠出现波动的比例高达 80% 以上。

在日常育儿过程中可观察到，3 ~ 4 个月的孩子经常会在睡觉时闭着眼翻身，翻着翻着就醒了。对照婴幼儿运动发展规律，此时正是 3 ~ 4 个月婴儿发展翻身动作的时间点。又如，6 ~ 8 个月的婴儿经常不睡在枕头上，闭着眼乱爬，撞到床头、围栏或爸爸妈妈身上，然后就哭闹，每天早上醒来的姿势也都不同。同样，对照婴幼儿运动发展规律可知，此时正是 6 ~ 8 个月婴儿学习爬行的关键时间点，这正是大运动发展所引起的睡眠波动。可见，大运动发展直接影响睡眠和身体的控制能力。大运动发展良好的孩子，其身体控制能力也好，睡眠质量会随之提高且越来越好。

白天充足、适度的大运动可以促进婴幼儿机能的发展。孩子白天有足够的运动量，晚上才能睡得好。尤其是在 4 个月、8 个月、12 个月时，孩子处于学习翻身、爬行、走路的关键阶段，父母要注意在白天帮助孩子多练习，让孩子尽早学会这些运动技能。

婴幼儿运动发展对心理发展的影响

婴幼儿运动能力的发展对婴幼儿的认知、情绪和社会能力，甚至智能的发展都有重要影响。在运动能力的发展过程中，坐、爬、走和精细运动提高了婴幼儿的生活能力，对他们总体的发展有巨大的促进作用。

坐

婴儿坐着观看物体对于形成物体的主体形象有很大好处，对他们视觉的发展更为有益。因为仰卧时，只能看到屋顶，或者从侧面的位置观察物体，婴儿的视线与外界物体处于斜位方向。而婴儿坐着时，观察各种物体时视野显著扩大，婴儿的视线与物体处在相对平行的位置，有利于婴儿捕捉立体形象。

“坐”对婴儿听觉的发展也有类似的促进作用。当人的身体处在直立位置时，双耳对声源也处于对称位置，有利于耳郭收集声音的各种元素，从而促进对声音的知觉。此外，婴儿坐着的时候头部可以自由转动，声音传入双耳的时间差更准确，有利于形成方位上的感知。

“坐”的另一个重要作用是解放婴儿的双手，有利于双手的协调操作和手指的精细动作发展。

可见，“坐”是一个重要的发展里程碑，对婴幼儿身体发育是极为有利的。

爬

在婴幼儿心理的发展中，爬比坐有着更为广泛和深刻的发育意义。爬行可让婴儿的身体位置随意移动，扩大活动空间，增加认识周围事物的机会。婴幼儿在空间位置的移动，首先，可扩大接触和探索环境的范围，可为他们建立、扩大和深化对外部世界的初步认识创造条件，有利于手—眼协调的发展，从而促进认知能力、思维能力和解决问题能力的发展。其次，他们逐步将自己和其他事物区分开，开始真正认识自己的身体、认识自己的能力、认识自己同周围人的关系等，从而促进他们建立最初的主客体概念，有利于他们的“去自我中心化”，同时，可促进其情感和社会性发展。研究表明，有爬行经验的婴儿，在遇到不确定情境时会产生迟疑，开始会利用情境信息（从母亲的脸部表情和声音中）决定自己的行动。

俯趴时，由于腹腔受到外界压力，会促使孩子更用力地吸气，从而可以促进胸部扩张。而主动吸气的肌肉，即膈肌，是人

体最重要的呼吸肌肉之一。膈肌功能的形成有助于建立胸—腹式呼吸，从而提高自主神经功能的调节。此外，俯趴可提高孩子躯干核心的稳定，是动作系统进一步发展的前提。俯趴还有助于形成正常的脊柱曲线，同时，随着膈肌收缩功能增强，有利于保持胸廓的正常形态。在育儿过程中，若经常让婴儿俯趴在妈妈的胸腹上，还可增进“母—婴”感情，对于孩子的情感发展十分有益。

走

独立行走也是婴幼儿运动发展的重要里程碑。走，使他们的大运动发展更加主动，扩大了探索活动的范围，增加了与周围人交往的机会，会使他们获得更多的认知经验和社会经验。

精细运动

精细运动是人类具备的最大的特点，在婴幼儿身心发展过程中，具有巨大意义。经常灵活运用双手，能促进手部精细运动的发展。婴儿认识周围事物的能力，在很大程度上与双手精细运动的发展密切相关。在运动技能中，抓获物体的动作在婴儿认知发展中起着非常重要的作用，因为这样的运动能开拓婴儿探求环境的全新途径。

婴幼儿通过把弄物体，可学习大量的物体形状并感知物体。借助手的动作来对物体进行综合分析，是一种感知物体的思维形式。在孩子开始学说话的时候，思维的特点向着以表象形式为主发展，手的动作在这个过程中起着至关重要的促进作用，类似成年人在创造性思维中，往往依靠手的动作来促进构思。

婴幼儿运动发展对智能发展的影响

在婴幼儿成长的过程中，运动发展与他们的智能发展也有着密切的关系。运动智能是婴幼儿在生命的成长过程中最先得到发展的智能。在对人类大脑的研究中发现，与运动有关的大脑神经元极为丰富，这些大脑神经元又与视觉、听觉、记忆、思维和语言等密切相关。因此，运动智能的发展水平在很大程度上影响着婴幼儿其他智能的发展。一般而论，运动能力发展水平较高的婴儿，其心理和智能的发育也较好，而运动能力发展迟缓对智能的发展有不利的影响。

婴幼儿运动发展对大脑和神经发育的影响

0～3岁婴幼儿大脑的发育和神经的发育是一个极其快速的过程，其和运动发展一样，不是按部就班、顺理成章的自我发育的过程，而是深受环境互动和外界影响。生物神经的发展过程，是一个自我修剪枝丫的过程，是一个用进废退的过程。“用进”是通过使用才会发展，而“废退”是不用则会退化、消失。如果一个孩子从出生时就戴上眼罩不看东西，那么，视觉神经就得不到充分使用的机会，其功能会逐渐退化。

在几个月之后，即便把眼罩移除，此时，孩子可能再也看不到东西了。可见，0 ~ 3 岁是婴幼儿全面发育的关键时期，更是婴幼儿各种运动机能发展的关键时期。人们熟知的“心灵手巧”，从科学的角度来说，应当是“手巧心灵”，因为肢体运动和手部精细运动的良好发展，可促进大脑的发展和神经系统的发育。同样，“艺高胆大”也是如此。

婴幼儿运动发展对各系统发展的影响

运动与生命

运动是终生的，是众所周知的道理。新生儿的存活必然有全身的机能运动，而且运动越多越好。例如，新生儿出生时便能吸吮自己的小手，肯定是“生长优良”的婴儿；反之，四肢不动的婴儿肯定有问题。同样，在人生的任何阶段，四肢和心、肺、脑在活跃运动则精力充沛；反之，无活动则不可能存活。

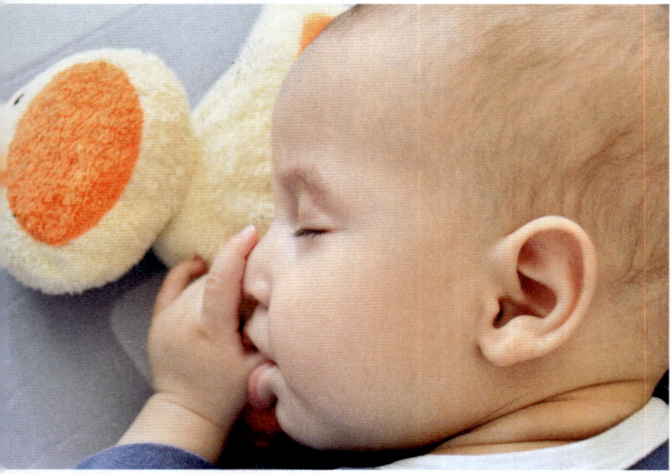

运动与呼吸

新生儿出生时，随着第一声啼哭，意味着有了自主呼吸。但此时其肺泡扩张数目仅是成人的 8% 左右。之后孩子运动能力的发展是促进肺泡扩张的有利因素。充分的运动发展，如吸吮母

乳、抬头、翻身、爬、走、跑、跳、哭、叫喊等均有利于肺泡上皮细胞、巨噬细胞、内皮细胞等肺组织细胞的生长发育，有利于提高血氧含量，促进机体的生长，同时，可减少日后肺炎、哮喘等疾病的发生发展。

婴儿的哭与成人的哭不尽相同，适宜的哭是活动的需要、表达的需要，是与抚养人最早的交流方式。而过度的哭才是痛苦的表达。

婴儿的哭可使胸腔的负压增大，肺泡扩张，使呼吸肌得到充分的锻炼，增强呼吸系统机能。同时，哭加大了肺部的活动量，可以吸进更多新鲜氧气，排出更多代谢废气，使全身的血液循环加快，机体各个系统的功能也在这一过程中得到增强。在日本，每年都会有未满 1 岁的婴儿参加“婴儿啼哭大赛”，至今已经延续了 400 余年的历史。可见，哭和孩子的健康有紧密关系，是得到世人充分肯定的。

运动与心脏

随着新生儿哭的爆发和脐带的剪断，胎儿期的心脏循环快速向成人期的心脏循环发展。在此过渡时期，心脏的某些孔洞尚未关闭，仍保持胎儿期的某些心脏循环。婴儿的运动发展可帮助血脉充盈和血液流动，有利于心脏的生长发育，促进形成成人期的心脏循环。婴儿的运动发展还可增强心脏的射血功能，尤其有利于将血液供给到大脑新皮层系统，从而极大地促进大脑的发育。

运动与消化

人类的营养物质要靠消化系统的分解和吸收才能被机体利用，婴幼儿的运动发展可促进其分解和吸收。同时，婴幼儿运动发展的过程中，为各系统机能的发育提供热能需要的信息越多，体内的可供给热能的生长发育旺盛的组织也越多。可见，婴幼儿的运动发展是其机能发育的又一重要营养素。相反，若运动较少，热能就会转变成“脂肪细胞”堆积下来。

运动与骨骼

婴幼儿的运动发展会有力地“撞击”骨骼系统，提供大量的“应力”刺激信息，丰富骨膜的血液循环，从而提高破骨细胞和成骨细胞的活力，最终促进骨组织的生长发育。这既有助于长骨、关节和软骨的发育，促进脊柱的生理弯曲、足弓的形成等，又有利于生长激素的分泌，促进孩子长高，预防矮小症。

运动与肾脏

随着婴幼儿运动能力的发展，血液含氧量增加，有助于肾皮质和髓质的生长发育，可减少日后肾炎、肾病、高血压的发生和发展；还有助于机体各种内分泌细胞的生长发育，提高“神经—内分泌—免疫网络”的功能。

婴幼儿运动发展的远期影响

充足的、良好的婴幼儿运动发展，可降低成年后发生各种慢性疾病的风险，如各种心血管疾病、腰背及膝关节的慢性疼痛、骨质疏松症、高血压、糖尿病等。可见，建立健康的生活方式，提高国人体质水平，应该从婴幼儿时期开始。

人一生的健康和生长发育均离不开运动，运动是健康生活方式最主要的内容，也是健康生活的基本保证。当提及“运动”时，人们常常想到的是足球、篮球、羽毛球、游泳等运动，其实，这些运动方式是人体运动发展的第三阶段，即人类的高级运动阶段。从事这些高级运动阶段的前提，必须在儿童期，即 3 ～ 15 岁的年龄段，逐步熟练地学会跑、跳、抛、投掷等基本运动技能，这是人体运动发展的第二阶段。而人体运动发展的第一阶段则是 0 ～ 3 岁婴幼儿的运动发展。在此阶段，重要的是发展移动身体、控制身体的能力，如坐着不倒是保持身体稳定的能力，手精准抓握物体不掉落是动作稳定的能力，走路不摔跤是重心稳定的能力，这些能力均是一切复杂运动的基础。像足球运动员的射门动作、篮球运动员的投篮动作、排球运动员的扣球动作等，均是在良好的身体稳定、动作稳定和重心稳定等综合元素的基础上发展来的。

在婴幼儿运动发展的近期影响中，最明显的是运动对于婴幼儿形成健康身心的影响，而在远期影响中，依旧与身心发展紧密相关。运动技能的发展可促进心理发育，而良好的心理发育又可促进运动技能的提高。众多研究表明，基本动作技能掌握越多越熟练，心理健康水平越高，同时，情绪也越好，朋友也越多。儿童能参与运动并且会玩，玩得好，是心理自信的前提。心理越自信，社会适应能力则越强。比如，婴幼儿时学会与他人合作，在进行各种游戏运动的过程中，自然也容易接纳其他小朋友，并建立良好的社会关系。同时，在游戏中经常赢，经常获胜，可进一步增加自信心，以后在面对各种陌生或困难的事情时，往往表现得信心十足。反之，基本的、简单的运动技能未学会，不会玩，只是站在一旁观看，会丧失互动交往的机会，反复多次则会失去自信，什么都不敢去尝试，即我们常说的“害怕”，很快可导致孤僻、退缩的形成。

因此，从某种意义上来说，运动可促进社会功能的良好发展，在婴幼儿时期更是如此。

第二章

婴幼儿动作发展的特点

婴幼儿动作发展的过程

一般来说，不同的年龄阶段，孩子的身体动作发展的内容和水平不同。尽管有的孩子发展得快些，有的慢些，但从一般发展规律来看，不同的年龄阶段有其主要的发展内容和特点。下面，我们按照大致的年龄顺序，介绍婴幼儿在不同年龄阶段主要动作的发展内容和发展特点。

新生儿的反射行为

新生儿的运动是胎动的延续，最重要的运动特点是反射行为。新生儿对特定刺激的天生的自动反应，就是反射。

以下是新生儿的几种重要的先天反射（原始）活动。

眨眼反射

头部或脸部突然面对声音或光

亮刺激，会眨眼睛。

眨眼反射能帮助婴儿抵御外界对眼睛带来的伤害性刺激。眨眼反射将在个体中终生持续。

吸吮反射

将手指放在婴儿嘴里，他会自动吸吮起来。

吸吮反射是基本的生存本能，可被个体保持终生。

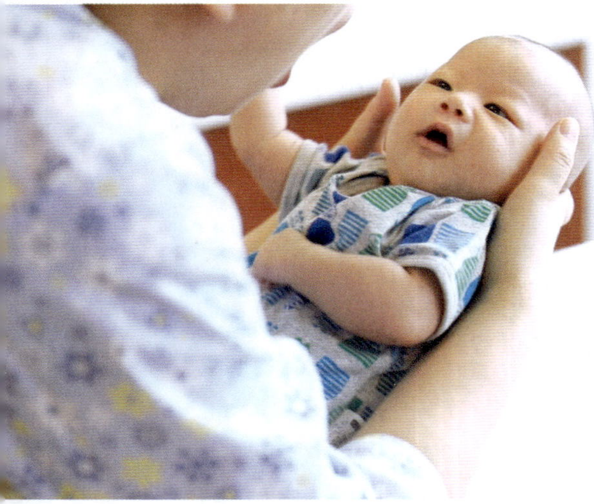

觅食反射

用手指触碰婴儿的腮帮子，他会向刺激所在方向转头、张嘴，做吸吮动作。这一重要的反射使他能够找到吃的东西。出生3周后，这一反射变成了有意义的转头动作。

游泳反射

将新生儿俯卧放在水里，他可表现出协调性很好的不随意游泳动作。但过了6个月，再把他放进水里，他就会在水中挣扎乱动。

如果婴儿掉进水里，游泳反射可帮助不足 6 个月的婴儿生存。游泳反射在出生后 4 ～ 6 个月时消失。

惊跳反射（拥抱反射、摩罗反射）

惊跳反射是一种全身性动作的反射活动。新生儿身体暂时失去支撑或者受到惊吓，会引起这种反射动作。

其动作是，先是双臂外伸，伸腿，弓背，然后双臂收拢做抱物状。这一反射在出生后半年内消失。

这一反射动作能帮助婴儿抱住自己的母亲，因而有重要的生存价值。

抓握反射

抓握反射又称“达尔文反射”。将你的双手食指或小指分别自新生儿两手的尺侧缘伸进他的手心，他会紧紧抓住你的手指，这就是抓握反射。正常情况下，这一反射 2 个月时消失。

反射亢进，提示双侧大脑有疾病；新生儿期消失或减弱，提示新生儿中枢神经系统呈抑制状态。抓握反射代表一种进化的适应，新生儿有这种能力，是在设法保护自己，这也是在为婴儿有意抓握物体的动作做准备。

行走反射（踏步反射）

对有直立能力的新生儿，当其双足接触桌面支撑直立时，将出现自动踏步的动作，一般是先迈出左脚，然后右脚跟上。踏步良好时就像大人散步一样，有的甚至能走十余步。

这一反射在出生后 2 个月时消失。

俯卧—抬头—挺胸

新生儿在俯卧时，屈肌紧张，双手双脚蜷曲在身体下面，头部的位置偏向一侧。

3 个月在俯卧时，肘部支点发生变化，向前移动，在肩下面支撑，腹肌和背肌能够协调运动，头部的位置进一步发生变化，可以在中线抬起 90 度，为日后挺胸和坐做准备。

4 个月时可以双手支撑俯卧，这时掌握了平衡，于是开始把身体重量更多地放到一侧，以便腾出一只手去够东西，这样的动作为爬做好了准备。

具体发展过程如下：

1 个月：屈肌紧张，双手双脚蜷曲在身体下面，撅着屁股，头部转向一侧。

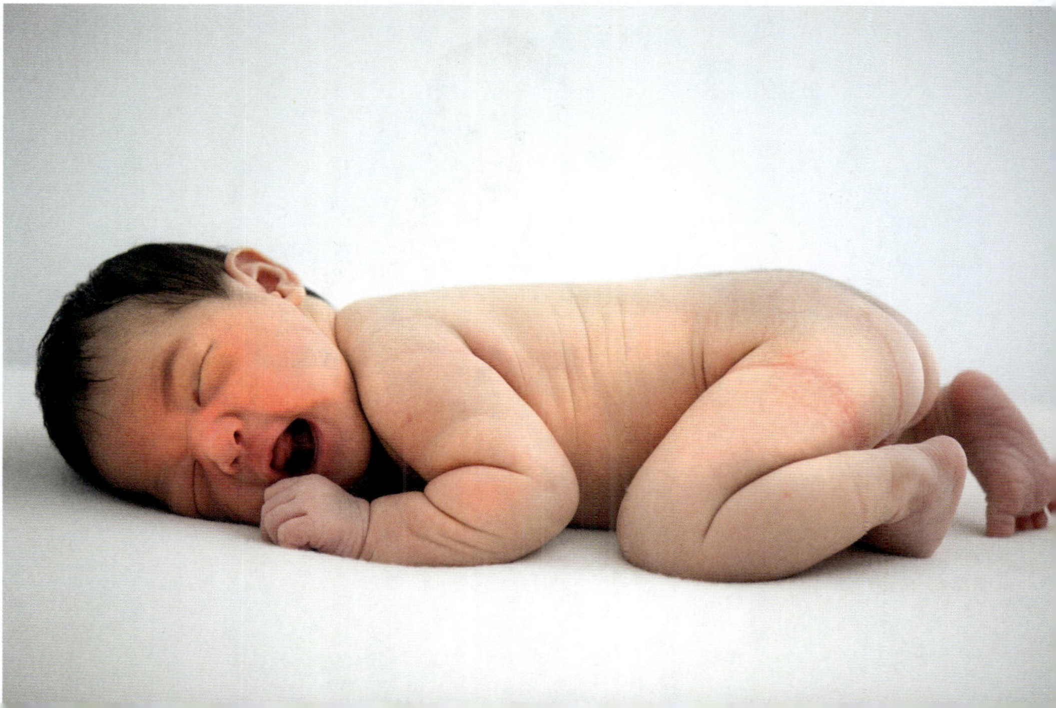

3个月：肘部支点较前发生变化，移向前，在肩下面支撑。

腹肌和背肌能协调运动，头在中间可抬起90度，为挺胸和坐做准备。

6个月：可用伸展的上肢支撑，可抬头挺胸。

仰卧

新生儿在仰卧时，屈肌仍旧处于紧张状态，但比俯卧时松弛；身体处于不对称的状态中，可以向两侧转动一点。仰卧状态利于手部动作的发展。

4 个月时，仰卧时头部能够转动 180 度，两脚可以蹬踹，手脚可以同时运动。

5 ~ 6 个月时，手、脚、嘴能够协调运动，并且能够从仰卧翻滚到俯卧，仰卧的发育至此结束。

具体发展过程如下：

1 个月：仰卧位时可转头，获得视觉方位感。

4个月：手—脚协调得到发展，可抓到脚或抓握玩具，可把脚或玩具送到口中。

手的动作

新生儿在仰卧时能够手握拳，当头转动时可将拳头放到嘴里。到了3个月时，从握拳发展到握物，手与嘴可接触，并企图抓东西。4个月时，两脚可以蹬踹，手脚可以同时运动。

5～6个月时，手、小腿和脚可以同时运动，手的抓握运动进一步发展，双手拿玩具开始往嘴里放，能拿住奶瓶。此时，手、脚、嘴能够协调运动。

具体发展过程如下：

1个月：手握拳，当转头对着手时，可把手放到嘴里。这个动作是手的动作以及视动协调的萌芽，是精细动作的开始。

3个月：仰卧看手。仰卧时，能在胸前看手、玩手。

5个月：大把抓握。开始利用尾三指及掌心去抓握。

7个月：前三指抓握。开始利用前三指去抓握物品。

8 个月：拇指、食指内旋。开始拇指、食指内旋抓东西，拇指比食指旋度大。此时释放动作还不成熟。

9 个月：拇指、食指对捏。开始用拇指和食指相向地捏起小物品，或用食指戳小物品、小洞、小眼儿。

12 个月：释放动作。可从地上拾起小物品，并可有意识地扔掉。

坐

生后1～2个月，扶坐时，身体完全屈曲，头耷拉在胸前。松手时，婴儿的身体会左右倾倒，是因为身体还不能控制头部。3个月时，坐姿，背呈弧形，头可以抬起竖直几秒，这时人体脊柱的第一个弯曲——颈曲开始形成。4个月的时候，扶坐，头比较稳定，如果松手，婴儿会向前或向两侧倾倒。5个月时，头可以随躯干的运动做出反应。6个月时，能够单独坐一会儿，前倾时两只手开始在前面支撑，脊柱下部后凸并向下延伸，第二个弯曲——腰曲开始形成。

具体发展过程如下：

1个月：扶上臂坐，完全屈曲，头部耷拉在胸前。

3个月：头可抬起，竖直几秒；坐时，背呈弧形。

6个月：可独坐片刻，手臂在前面支撑，呈对称状。

7 个月：独坐稳定，可用一只肘支撑，一只脚放在骨盆前，为进入活动状态做准备。

9 个月：可独坐 10 ~ 15 分钟。

12 个月：能够站起来，再坐下。

站

3个月以内的婴儿不能站立，因为他的脚、髋和膝部没有支撑的力量。成人扶着其腰部站立时，全身呈松弛的屈曲状态。3个月扶站时，脚能够稍微支撑瞬间。5个月扶站时，会使劲跳，而且脚尖着地，但是脚能够放平。6个月扶站时，能够使劲站在地面上，由于脚部会用力，使得颈部能得到充分伸展。到这个时候，一个平躺的人逐渐过渡为直立的人。

具体发展过程如下：

1个月：扶站时，身体向下坠。

3个月：扶站时，能支撑一下，然后很快就会软下来，但会马上向下使劲。

6个月：扶站时，能撑起身体大部分重量，上下跳跃，能够使劲地站在地面上，能把全脚放平。

9个月：扶站时，双腿能有意识地做交替动作（迈步动作）。

12个月：可以独站一会儿。

爬

婴儿在6个月时，对称姿势发育结束，掌握了自身的平衡，之后开始不对称动作的发育，如爬、爬着晃动身体、扭腰转动身体等。

四肢支撑着爬，这一动作需要腿部和上肢的力量。若爬行时仅以腹部和膝部支撑原地打转，说明上肢及下肢的力量仍不足。不能向前爬，总是向后退，说明腿部力量不够。能够坐在脚跟上，说明腿部有了一定的力量。这时期，大多孩子还不会单腿跪，因为单腿跪不但需要腿部的支撑能力，还需要一定的平衡能力。

具体发展过程如下：

1 个月：反射性匍匐动作。

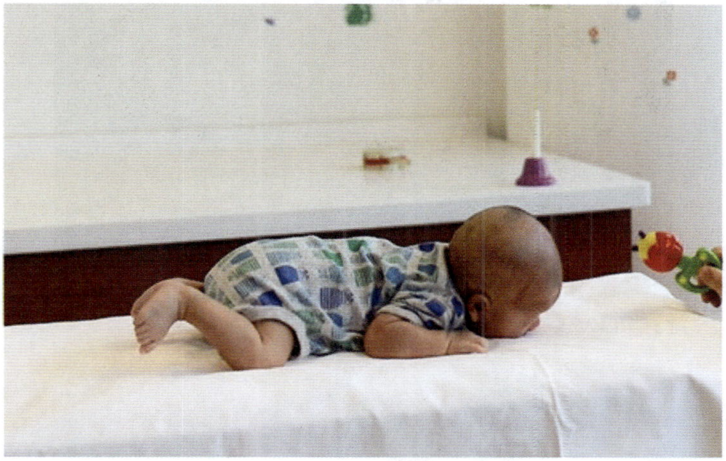

4 ～ 5 个月：肘部支撑身体数分钟。

7～8个月：可以从俯卧姿势自己转换成侧卧姿势，开始爬行。此时，在腹部与膝部的共同努力下，可以在原地打转。不是每个婴儿在发展过程中都必须经历爬的过程。

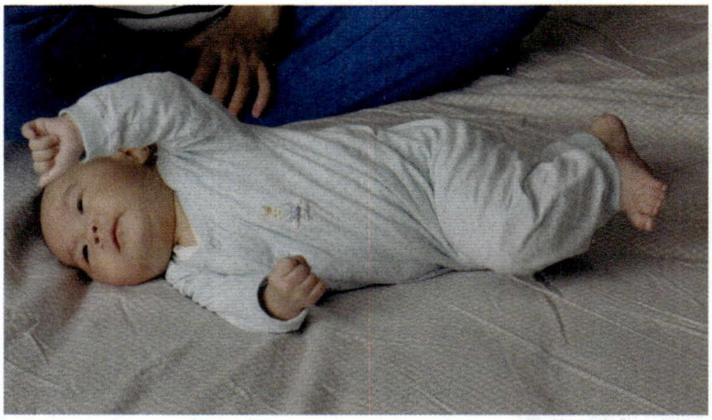

9个月：可以双手、双膝爬。

12个月：已经爬得很快。

18个月：可以扶栏杆爬楼梯。

24个月：可以上下攀爬，如可以爬上椅子够桌子上的东西。

30 个月：攀爬熟练。

走

在学会站立之前，要有充分的腿部力量的准备。能够坐在脚跟上说明腿部有了一定的力量。另外，单腿跪需要腿部有充分的支撑能力。这些动作都可以看作站立之前的准备活动。

10 个月的婴儿可以站起来了；11 个月或 12 个月时，可以扶物做横走的动作，之后开始向前迈步。走路是支撑腿和摆动腿交替运动的结果，走路时身体平衡的破坏和恢复交替出现，因此我们可以把走路看作平衡协调运动的一个高峰。

12 个月：能独站一会儿，也能走几步，扶物体时走得更好；行走时能用张开的双臂平衡身体；双腿可分开，使得底盘更稳。

15个月：能独走几步，上臂有时高举，也能放下，双腿分开的距离变小。

18个月：走路稳，可停可走，可倒退走，可拿玩具走。

当孩子能够行走自如时，标志着他已经成为一个直立的人。

30 个月：会用脚尖走。意味着孩子小脑发育已经成熟了，因此平衡功能也成熟了。

跑

其实跑步和上下楼梯与走路的原理是一样的，只不过跑步时支撑腿和摆动腿的交替速度快，两条腿不同时接触地面；上下楼梯时支撑腿和摆动腿的交替速度慢，两条腿一起支撑的时间长。

具体发展过程如下：

18 个月：跑步僵硬，不能绕障碍物。

24 个月：跑步平稳，可以绕障碍物。

30 个月：跑步熟练。

3 岁：可以跑圈。

蹲跳

婴幼儿时期，“跳”这一技能发展的关键在于立定跳远，因为立定跳远是最基本的动作，其他的跳跃活动是立定跳远的变形。蹲可以锻炼下肢的力量，是跳的前提。

18个月：会蹲，蹲下来找东西。

24个月：可以双脚蹲跳。

踢

24个月：会踢球。

扔

24个月：会手过肩扔东西。

婴幼儿各年龄段动作发展的进程

动作和运动发展是儿童早期发展的基本内容。运动发展不是孤立的，它与认知发展、人际交往等能力的发展交织在一起并互相促进。婴幼儿运动发展是一个连续的过程，又表现出一定的阶段性，在不同层级上逐步推进、成熟。婴幼儿动作发展包括大动作和精细动作两个方面。

婴幼儿大动作的发展进程

大动作指头、颈、躯干、四肢等主要部位和全身姿势的维持以及较大幅度的运动。从静到动，均涉及姿势维持、移动、平衡及协调等方面的问题，在其高级阶段还涉及运动技能的成熟，包括动作方向、力度、幅度、频度、节奏等的控制，动作之间的协调以及动作与环境之间的匹配与适应。婴儿期大动作发展进程，大致可用我们常讲的谚语来简要概括：二抬三翻六会坐，七滚八爬周会走。1 ~ 3 岁幼儿期大动作的发展主要是运动协调、平衡等运动技能的进一步提高。

现将婴幼儿时期大动作发展进程分列如下。

1 ~ 3 月龄头部控制为主阶段

1 月龄：俯卧位时，婴儿能勉强抬头离开床面。

2 月龄：俯卧抬头。俯卧位时由前臂支撑头部可抬离床面 30 度左右。

3 月龄：俯卧抬头。由前臂支撑可把头抬离床面 45 度左右。竖直抱起婴儿，其头部能维持竖直状片刻（5 ~ 10 秒）。

4 ~ 6 月龄躯干控制初级阶段

4 月龄：俯卧抬头离床面约 90 度，并能较灵活向两侧转动、观看。

仰卧位时能侧翻转身体，且使手臂部过中线。

5 月龄：屈腿上抬。仰卧位时腿部屈曲上抬，可使双脚接近嘴部或双手握脚；扶坐时，头部竖直稳定，可左右转动。

6月龄：让婴儿双手前撑床面，可平稳地坐片刻（5～10秒）；翻身熟练，在仰卧状态能自如地翻转到俯卧状态。

7～9月龄躯干、四肢协同阶段

7月龄：独坐自如，坐位稳定，上肢能做一些简单动作，如伸手取物等；能从俯卧位自如地转至仰卧位。

8月龄：能匍匐爬——腹部未抬离床面的四肢用力爬行；可扶物站立，双手扶栏杆等物可站立片刻。

9月龄：可以四跪爬，即以手、膝作支撑，腰、头挺起向前爬行；可以坐位转圈，以臀部为轴，上下肢驱动可使身体转圈90度。

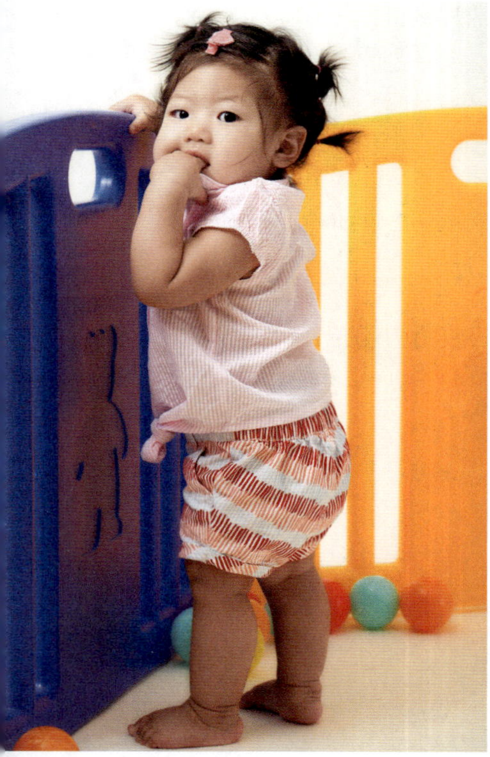

10～12月龄直立行走尝试阶段

10月龄：能拉物站起，自己拉住栏杆等物能够站起，且站立平稳；能自行坐起，能自如地从俯卧状态转向坐位且坐得很平稳。

11月龄：扶着物体能侧向行走数步；牵拉两只手能向前行走数步。

12月龄：牵拉一只手能向前行走数步；独站稳，在没有依托的情况下能平稳站立片刻。

13～24月龄直立行走稳定阶段

13～14月龄：可独立行走，但有一些摇摆（蹒跚），常张开双手以保持平衡；可坐位站起，用两手推撑两侧地面使身体重心移至脚部从而站起来。

15～16月龄：独走稳，行走自如无左右摇摆；牵拉着一只手能上楼梯数阶。

17～18月龄：能较快地行走，幼儿能用比上一阶段快一倍的速度走；能过肩扔球，但方向性还不是很好。

19～20月龄：开始跑，在成人指令下能向前跑数米以上；自己手扶栏杆能上楼梯数阶。

21～22月龄：能独立侧向行走，以一侧脚为引导可侧向移动1～2米。

23～24月龄：会双足跳起，幼儿能双足同时跳离地面，同时落地；

会踢球，有示范的情况下，会把放在脚前的球向前踢开。

25 ~ 36 月龄移动与平衡协调阶段

25 ~ 27 月龄：能独上楼梯，不用扶栏能自行上楼梯数阶；会倒退走，经示范能正常步幅倒退行走 1 ~ 2 米。

28 ~ 30 月龄：会脚尖走，脚跟不沾地，踮起脚尖能行走 1 ~ 2 米。

31 ~ 33 月龄：会立定跳远，能双足同时离地跳起并跃出 20 厘米左右的距离；从楼梯末端台阶上跳下并能站稳。

34 ~ 36 月龄：能单足站立片刻，能保持平衡不摔倒；能交替上楼梯，即双足交替上楼梯。

婴幼儿精细动作的发展进程

精细动作是指手和手指的运动、手眼协调操作物体的活动。人的精细动作能力是长期进化的结果，人类在手足分工之后，获得充分使用手的条件，逐步形成手部，特别是手指灵巧而精确的操作能力。在婴幼儿时期，精细动作发展迅速，从双上肢整体的运动开始，逐步分离出单侧上肢、手掌、手指的独立运动，并在感知觉的参与、协同下，由早期含混的趋向运动逐步形成目的明晰、指向精确的选择性动作，是人类特有的高级功能之一。

现将精细动作发展进程分列如下。

1 ～ 3 月龄上肢联动阶段

1 月龄：握持反射明显——用手指触碰婴儿手掌，婴儿会握紧拳头。

2 月龄：将拨浪鼓柄放入婴儿手掌中，婴儿能握住鼓柄数秒。

3 月龄：婴儿仰卧时能将双手在胸前中线位握在一起。

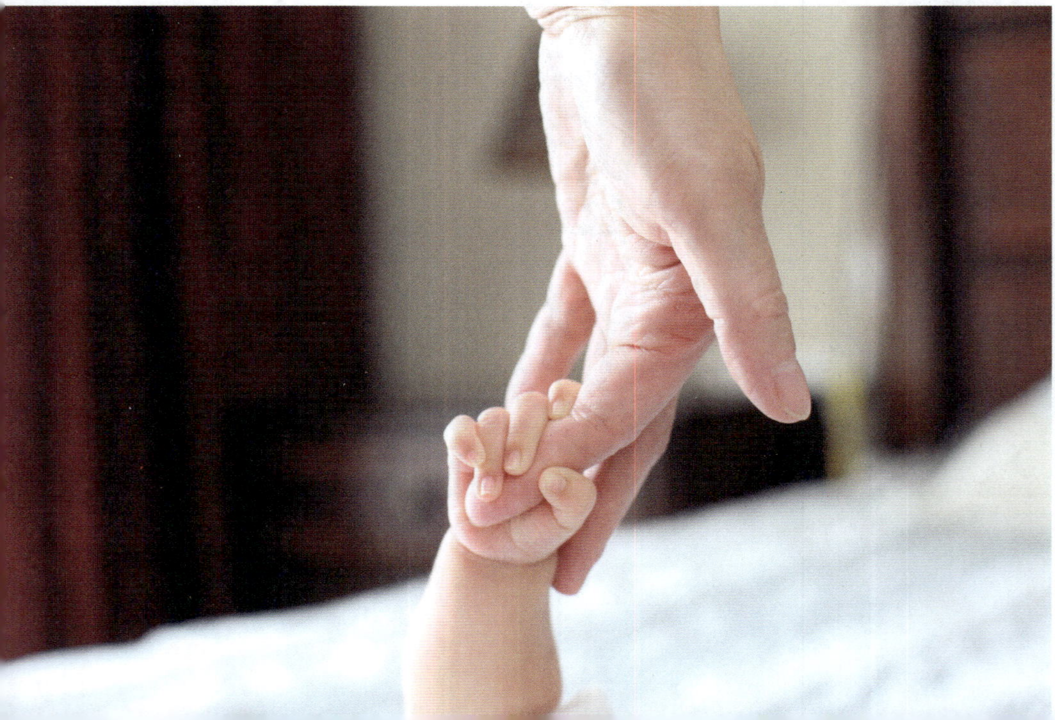

4 ～ 6 月龄手掌动作为主阶段

4 月龄：将拨浪鼓放在婴儿手中，婴儿会抓握、注视并主动摇动几下拨浪鼓。

5 月龄：主动抓物，主要用手掌尺侧主动抓取近处物品。

6 月龄：能用手掌的桡侧一把抓住较大的物品，可把玩、抓起一块积木。

7 ～ 9 月龄手指动作为主阶段

7 月龄：在摆弄一块积木的同时，会拿取面前的第二块积木。

8 月龄：开始用拇指和其他手指捏取较小的物品（如小糖丸等）。

9 月龄：能用拇指和食指对捏小的物品，能对敲积木。

10 ～ 12 月龄手眼协调初级阶段

10 月龄：能握住线或绳拉动所牵引的玩具（例如圆环、动物模型等）。

11 月龄：在示范下，能推动小玩具车行进。

12 月龄：自己会把小丸放入杯子等容器中。

13 ～ 24 月龄手眼协调熟练阶段

13 ～ 14 月龄：能用拳握笔乱涂，即全掌握持画笔在纸上乱涂乱画。

15 ～ 16 月龄：能搭积木 2 层。

17 ～ 18 月龄：能搭积木 3 ～ 4 层。

19 ～ 20 月龄：能搭积木 5 ～ 6 层；能翻书 1 ～ 2 页。

21 ~ 22 月龄：能搭积木 7 ~ 8 层。

23 ~ 24 月龄：一次能连续翻书 3 ~ 4 页。

25 ~ 36 月龄手眼协调高级阶段

25 ~ 27 月龄：模仿画竖线，能画出 2 ~ 3 厘米以上的竖线。

28 ~ 30 月龄：经示范，能较熟练穿起 3 颗以上的珠子。

31 ~ 33 月龄：能模仿画圆形，直至画出圆形，且没有明显棱角。

33 ~ 36 月龄：能模仿将纸张进行对折，纸边相对整齐。

第三章

婴幼儿基本动作训练

基本姿势训练

头部控制的训练

进行训练之前，要十分注意宝宝颈部、背部肌肉的紧张度，要使其肌肉放松，身体和其他部位的位置要正确。

俯卧抬头（抬头45度，抬头90度）

做法：

1. 让孩子俯卧，拿一个玩具或其他东西放在孩子眼睛前面，当孩子注意时，慢慢将东西移高。这时，孩子会抬起头，以便能一直看到东西。

2. 孩子俯卧时，将你的脸靠近孩子的正前方，慢慢地把头抬高。这样他也会抬起头，以保持和你的目光持续接触。

3. 当孩子俯卧时，将卷起的毛巾或小垫子垫在他的手臂下，然后在他面前摇摆玩具或把有声音的玩具放在他的面前，并慢慢地将玩具往上移动。

4. 宝宝俯卧时，轻轻地抚摸或拍打宝宝的下腭，鼓励他抬起头。

5. 每天至少让孩子俯卧半小时，并让他练习俯卧抬头，用餐后约10分钟进行训练较适合。

坐位时，稳定头部

做法：

1. 在孩子坐下来后，用手帮他支撑头部，慢慢减少对他的支持。当他可以自己支撑头时，和他说话，给他看玩具；当他失去平衡时，马上停止，扶好他，重新开始。

2. 让孩子坐在小厚纸箱里练习稳定头部，用枕头支撑，确定孩子的手臂能自由活动，箱子的高度至少要达到孩子的腋下。

3. 让孩子坐在沙发的角落，拿一个枕头撑着他的背，将他的头和肩膀竖直，在他面前用一个明亮的东西或玩具吸引他，直到他能够保持头部稳定。

俯卧抬头

做法：

1. 孩子俯卧时，把一个枕头或狭长的垫子放在他的手臂下，然后托住他的头和胸，在他面前摇摆玩具或明亮的东西。

2. 在孩子面前放一幅彩色的图片或玩具，使孩子必须抬起头来才能看见。

3. 在孩子的面前放一面镜子，鼓励孩子看镜子里的人像，并对他说：“看这个，宝宝。”

4. 让孩子俯卧，用前臂支撑身体，然后用手帮助他抬起头，并慢慢地减少对他的帮助。只在他自己撑起头和肩膀时，和他说话，看他。

坐位时，头不后仰

做法：

1. 在孩子身后放个靠垫，让他靠着，使他接近坐的姿势；抓着孩子的双手帮他坐直，再慢慢拿掉他身后支持的靠垫。

2. 让孩子仰卧在地垫上，伸出手指让他抓，然后握住他的手，拉他坐起来。

3. 两人合作，一个人跪在孩子的后面，用手托起孩子的头；另一个人握住孩子的手，拉他坐起来；然后逐渐减少支持他头部的力量。

4. 让孩子面对着你，躺在你的腿上，头靠在你膝盖的部位，帮他拉着你的手指，让他的脚抵住你的腹部坐起来。

翻身的训练

翻身的动作需要依靠头部、肩部和髋部三个部位的控制能力。在训练翻身之前，首先需要孩子有正确的俯卧姿势，对四周环境有兴趣，上肢发育正常。

做法：

1. 孩子仰卧或俯卧在弹簧床上，成人有节奏地压动弹簧床，床的弹力可给予孩子转身的意识。

2. 成人抱孩子坐在地垫上，握着孩子的手臂，做“拉大锯”游戏，以增强轴心转体的意识。轴心转体不但可以帮孩子开阔视野，还有助于孩子体会学习移动重心。

3. 让孩子仰卧，成人用玩具逗引孩子转身至侧卧位。

坐的训练

训练坐的前提是婴幼儿的头部能够保持在身体中线。独坐的前提是具备伸手保护性反应，即失去重心时能够单手或双手伸展压地。伸手保护性反应起着保护头部及上身的作用。这个反应在婴幼儿运动能力发展过程中有着重要的作用。伸手保护性反应与坐姿的发展息息相关。最初家长可以让孩子坐在大毛狗玩具上，向前抚摸大毛狗，之后进行基本坐姿的训练。

不需要支撑地坐

做法：

1. 让孩子坐着玩玩具，把手放在孩子的背上，扶着他，然后慢慢放手让他靠自己的力量坐着。

2. 让孩子坐在你的两腿之间，让他把手扶在你的腿上，作为支撑；等孩子坐稳后，给他玩玩具，这样他就不必用手撑着坐了。

3. 把孩子放在地板上，两边各放一个枕头，确保他的安全，然后让他两腿张开，平稳地坐着，和他说话，陪他玩。

自己坐下

做法：

1. 当孩子能够扶物站立时，可训练他自己坐下。

2. 在帮孩子坐下前，把一个他喜欢的东西或玩具放在地上，并确定他能看到。

3. 两人合作，一人面对孩子，拉着他的双手，让他站稳；另一人站在孩子背后，轻碰孩子的膝盖，使他屈膝下蹲；拉手的人慢慢松手，帮他坐下。

4. 帮孩子屈膝成蹲姿，帮他将手从扶持物往下移，让他坐下，同时称赞他。

站的训练

训练婴幼儿站立时，需要有这样的前提条件：下肢活动自如，手有抓握能力。

用腿支撑一点重量

做法：

1. 扶孩子的腰部，让他上下跳动，使他短时间用腿支撑自己。

2. 扶孩子面对镜子，在他站着时，对他说话并夸奖他。

3. 在矮桌上放些玩具，扶着孩子站在桌边玩玩具。

4. 在成人的指导下，帮助孩子站立。

5. 让孩子面对成人，坐在成人的大腿上，让他拉着成人的手站起来，鼓励他跳并试着弯曲他的膝盖处。

扶东西站

做法：

1. 让孩子抓着成人的手指，拉他站起来。

2. 让孩子站在围栏边，帮他把手搭在栏沿上抓牢。

3. 门框上或阳台上横着固定一根棍子，使孩子站立时可以抓持，这样他可以站着看外面。

4. 把布条或毛巾放在孩子腋下，成人从背后抓住布条或毛巾的两头，帮助孩子站立时支撑身体，在他站稳时，慢慢地放松布条或毛巾。

5. 孩子自己扶立在椅子或沙发前时，拿一种玩具或好吃的东西逗引他松开一只手抓东西。

6. 把孩子爱玩的玩具放在沙发上，鼓励他靠着沙发站立、玩玩具。

拉物站起——自己站起来

做法：

1. 拿玩具在围栏上晃动，鼓励孩子扶着栏边站起来。

2. 让孩子单腿跪在地板上，教他利用手臂拉和腿部撑使自己站起来，可以推一下他的臀部作为辅助。

能独自站立瞬间

做法：

1. 拉孩子站起来，让他背着墙站着。

2. 当孩子撑着东西站立时，给他一个玩具逗引他放手站立。

3. 让孩子两手抓积木之类的东西，以帮他保持平衡。

4. 孩子站立的时间增加，就称赞他作为奖励。

弯腰，再站起来

做法：

1. 给孩子示范如何弯腰拾物。

2. 让孩子先捡起位置较高的东西，再让他捡起地上的玩具或将玩具放在玩具箱里。

3. 跟孩子玩球，让他反复捡起滚到身边的球。

保护性踏步反应

当婴幼儿身体重心偏移时，产生的自然踏步反应，可防止跌倒，这种行为叫作保护性踏步反应。它在孩子可以独站，扶物横走，有空间及方向感的情况下产生。

做法：

1. 跟孩子一起玩踏步游戏，以增强肢体运动感。

2. 鼓励孩子推凳子向前走，以增强踏步的感觉及能力。

3. 成人与孩子用一根粗绳玩“拉大锯”游戏，当孩子用力向后拉时，成人轻轻放松，使孩子做向后踏步的动作。

屈膝蹲下的训练

“蹲”这一动作反映了孩子膝部的控制能力和身体的平衡能力。“蹲”这一动作的完成，需要下肢发育正常，下肢关节活动自如，髋部、腰部及下肢有良好的控制能力。

蹲着玩

做法：

1. 让孩子坐在矮凳上玩推车或钓鱼的游戏，待孩子玩得起劲时，告诉他借用一下他的凳子，让他蹲着玩。

2. 玩沙地寻宝游戏，让孩子在地上蹲着，寻找“宝物”。

3. 玩老鹰捉小鸡游戏，“小鸡”要蹲得低一些，否则会被“老鹰”吃掉。

蹲下去，再站起来

做法：

1. 当孩子蹲下去的时候，拉着他的手，扶着他。

2. 让孩子模仿你：“现在我们变小了！”——蹲下；“现在我们变高了！”——站起来。

3. 让孩子蹲下捡起玩具并收起来。

4. 带孩子玩球，他必须蹲下，捡起球来才能继续玩。

位置移动训练

爬的训练

爬行的前提：上下肢发育正常，手脚活动自如，有屈曲和伸直的能力。爬的受力点在双手和双膝，爬的主要动作是手脚协调地轮流向前移动，身体向前的主要推动力是双脚的运动。

做法：

1. 置孩子于俯卧位，前面放一个玩具，教孩子伸手去拿；然后将玩具一点一点地放远，鼓励孩子向前移动身体去拿。

2. 将大枕头放在孩子胸腹之间，教

孩子用双手和双脚着地，逐渐把枕头推开，以鼓励孩子做独立的四点跪。

3. 让孩子呈四点跪的姿势，用孩子喜欢的玩具在前面逗引他，鼓励他伸手去拿。

4. 将孩子放在长隧道样的环境里面，选一端为出口，呼唤孩子，也可以用玩具或食物逗引他，使他向出口爬去。

走的训练

走是一种平衡协调运动。婴幼儿在学习走路的初期，身体平衡能力不足，所以走路时两脚分开，步子较大。只有当孩子身体有了足够的平衡能力，具备了一定的空间概念，能够明白简单的指令，同时双手握放能力、下肢发育达到一定水平的情况下，走路才会自如。

扶着走

做法：

1. 让孩子的两只脚分别站在成人的脚上，拉着他的手，一步一步向前走。

2. 扶着孩子的腋下，帮助他学习向前迈步。

3. 用布带自背后从腋下拉住他，让他往前走。

4. 让孩子抓着成人的手走，慢慢地只让他抓着手指走。

5. 拿一根绳子或一条毛巾，让孩子抓着绳子或毛巾走，慢慢地减少拉绳子或毛巾的力量。

6. 让孩子手扶家具边缘或墙壁走，慢慢地增加走的距离。

7. 鼓励孩子推着娃娃车向前走。

蹒跚走

做法：

1. 站在孩子面前，抓着他的双手，轻轻拉着他向前走；之后慢慢地松手，鼓励他继续走。

2. 两个成人分别坐在两张小椅子上，距离约 60 厘米；将孩子放在椅子中间，扶着其中一把椅子；坐在另外一把椅子上的人叫孩子的名字，并伸手示意他过来，如果孩子走过来就给他一点东西吃；慢慢地增加两把椅子的距离。

3. 让孩子在距他喜爱的玩具几步远的地方站着，鼓励他慢慢地走近玩具。注意不要去扶他。

4. 让孩子握着一样东西，或让他拉着自己的衣服往前走，这样会帮他保持平衡。

独自走

做法：

让孩子背靠着家具或墙站定，面对大人；大人站在距离孩子几十厘米的地方，拿着玩具，逗引他走过去；大人一步一步后退，逐渐拉长彼此的距离。

后退走

做法：

1. 找个宽敞的地方，以免发生碰撞，做后退步的示范动作让孩子模仿。

2. 抓着孩子的手做向后退步的动作。

3. 大人站在孩子面前，抓着他的手，大人一步一步前进，让孩子一步一步往后退，鼓励他并同时说“往后退”。

上、下楼梯

上楼梯的动作，是根据孩子的体力以及平衡能力的发展而逐渐成熟的。18个月时，可一只手扶栏杆横行上楼梯。21个月时，可单手扶栏杆，两步一级上楼梯。24个月时，可单手扶栏杆，一步一级上楼梯。36个月时，可不需扶助，一步一级上楼梯。

一、上台阶（交替脚上楼梯）

做法：

1. 站在孩子背后，帮他移动，一只脚上一阶，然后再提另一只脚上同一阶。

2. 抓着孩子的手，跟他一起一只脚一只脚地上楼梯。慢慢地，让他扶着栏杆自己上楼梯。

3. 在孩子一只鞋上绑红带子，另一只鞋上绑绿带子。在台阶上一级放红色线，一级放绿色线，依次循环。让孩子穿绑红带子鞋的脚踩红色线台阶，穿绑绿带子鞋的脚踩绿色线台阶，两脚交替上台阶。

二、下台阶（交替脚下楼梯）

下楼梯所需的下肢控制力比上楼梯强，这是因为重心高。下楼梯需要较好的平衡反应和更多的心理准备，因此下楼梯的发展速度比上楼梯慢。具备了空间和距离的概念，孩子才能自己上下楼梯。

做法：

在4～5阶楼梯上贴上脚印，要求孩子踩着脚印两步一阶重复练习上、下楼梯。

脚尖对脚跟向前走

做法：

1. 将平衡木放在地上，走给孩子看，教他如何掌握身体平衡。

2. 将两张100厘米长、40厘米宽的纸放在地板上，中间隔开一定的距离，让孩子沿着两张纸之间的空间走，慢慢缩小两张纸之间的距离；然后再让他脚尖对脚跟试走平衡木。

3. 让孩子注视墙上的一个地方（如一幅画），抓着他的手，扶着他走过平衡木。掉下来的情况越少越好，多称赞他。

4. 让孩子站在平衡木上，要他将手臂向身体两边张开，以保持平衡。

5. 将一个小沙袋放在孩子头上，帮他将身体和头挺直，保持平衡。

脚尖对脚跟退着走

做法：

1. 拉着孩子的手在平衡木上后退走。

2. 拉着孩子的手沿直线后退走。

3. 让孩子自己脚尖对脚跟退着走。

走平衡木

走平衡木实际上是连续的单脚站立，故训练的条件与单脚站立相似。这项训练的难度在于孩子行走的速度、距离以及行走时能否控制开始、停止以及身体的姿势。

做法：

1. 拉一根粗绳子，孩子用左手或右手一边拉绳，一边向前走。

2. 让孩子跟随卡通脚印，一步一步走到终点。

3. 将海绵积木按跨步距离放在地上，让孩子一步一块踏着海绵积木走过。

4. 将一高20厘米、宽20厘米、长200厘米的平衡木放好，先示范，然后让孩子按照大人的示范走过。

跑的训练

跑步与骑车的道理是一样的，目的是加速重心转移。严格来说，跑步时双脚要同时离开地面，但对婴幼儿来说，跑步只是急促连续的单脚站立。真正的跑步要到4岁以后才能学会。所以训练孩子跑步，首先要训练孩子单脚站立的能力。除此之外，还需要一些必备的体能和智力条件，如下肢发育正常、肢感正常、有良好的平衡能力、有空间和时间概念、视力良好、眼脚协调等。

做法：

1. 大人与孩子面对面站立，大人拉着孩子的手快速后退，借此使孩子快速轮流踏步向前。

2. 大人与孩子玩猫捉老鼠的游戏，帮助孩子学跑步。

3. 找几个孩子一起玩这个游戏：2米外的桌子上放他们喜爱的玩具，让他们跑去拿，看谁先拿到。

4. 与孩子玩“蜜蜂采蜜”游戏：大人与孩子在地上伏下，哨声响，尽快捡起地上的纸花，然后站起。这样重复伏下、站起，可锻炼孩子控制跑步的能力。

跳的训练

跳跃与其他各项训练最大的不同是要克服地心吸引力。跳的乐趣在于在空中停留的时间，跳跃得越高，在空中停留的时间越长。

要想跳得高，除了下肢要强壮外，还要有很好的协调能力。

独足站立 5 ~ 10 秒

做法：

1. 让孩子站在走廊或两把椅子之间，让他两手扶着墙或椅背，单脚站立，慢慢从 1 数到 5。

2. 让孩子扶着小椅子或抓着他的一只手，让他单脚站立。

3. 让孩子试着抓取一支铅笔（或别的物体）的一端，大人拿着铅笔（或别的物体）的另一端，然后让孩子单脚站立。

4. 慢慢增加单脚站立的时间，一开始定一个目标，比如 1 秒或 2 秒，然后逐渐增加单脚站立的时间。

双足并跳

做法：

1. 站在孩子面前，握着他的双手，教他学屈膝、跳起来。比如，拉起他的手，两脚并好，同时鼓励他说“跳”。

2. 找一个小弹簧垫或者家用蹦蹦床，让孩子在上面跳。

3. 在孩子了解跳的动作前，也可以在床上先练习。

4. 教孩子往上跳，像跳投一般，手抬高可以帮他用力。

跳过离地一定高度的绳子

做法：

1. 开始时，先让孩子跳过放在地上的绳子。

2. 让孩子跳过离地 3 厘米高的绳子，之后慢慢提升绳离地面的高度。

3. 站在孩子面前，抓着他的手，绳子在你们中间，帮他跳过绳子。

4. 将绳子绑在两个稳固的椅子腿上，离地面五六厘米。大人先跳一次给孩子看，让孩子模仿。数一数孩子一定时间之内跳过去的次数，有进步应加以称赞。

5. 将一根长木棍抬高，离地面3厘米左右，叫孩子练习跳过长木棍。

跳远

做法：

1. 给孩子示范跳的动作，一边跳，一边数数，让孩子照做。

2. 练习原地跳10次，一边跳，一边数数，这样可以让孩子知道自己的进步。

3. 大人站在离孩子数尺远外，让孩子跳过来，并大声数数，可以慢慢地增加距离。

4. 在地上画线，让孩子在线与线之间跳来跳去。

5. 让孩子跳过木板或绳子。

6. 和孩子玩青蛙跳、跳沙袋等游戏。

7. 让孩子假扮兔子，在院子或客厅里跳来跳去。

单脚跳

做法：

1. 开始时让孩子抓着大人的手臂，和他一起跳，并称赞他。

2. 大人拿一根棒子，站在孩子面前，让孩子抓着棒子跳。大人慢慢地放手，让孩子自己持着棒子跳。

3. 大人站在离孩子不远处，要他单脚跳到大人跟前，学会后，慢慢加大距离。

4. 让孩子两手抓着东西跳，这样更容易保持平衡。

5. 让孩子从一个地方单脚连续跳到另一个地方。

两脚交替跳

做法：

1. 让孩子在双足跳的基础上，学习单足跳。
2. 让孩子从左脚单独跳，随时换右脚单独跳。
3. 让孩子换脚跳，并逐渐加快左右脚的替换速度。

立定跳高

做法：

1. 让孩子在双足跳的基础上，学习立定跳高。
2. 在高处挂一个彩色气球，让孩子原地跳起来够、拍气球。
3. 慢慢提升彩色气球的高度，让孩子够、拍。

精细动作技巧训练

踢的训练

“踢”这一简单动作，需要诸多能力配合，如良好的身体平衡能力，良好的眼—脚协调能力，有空间和时间概念，同时必须明白简单的指令，等等。

踢静止不动的球

做法：

1. 大人走到球前，示范踢球的动作，让孩子照着做。

2. 大人站在离孩子几十厘米处，将球踢或滚给他；当球在他面前停下后，让他踢回给大人。

3. 教孩子踢的动作，移动他的膝盖及脚踝；让他扶着椅子练习踢的动作。

4. 开始时可以让孩子靠着墙练习踢。

5. 让孩子练习踢其他的东西，如塑料桶、石头等。

6. 可以在球上贴上贴画，好让球被踢了之后，滚起来更有趣、更好玩。

踢滚动的球

做法：

1. 成人走到球面前，踢给孩子看，然后让他模仿。

2. 成人站在离孩子几十厘米远的地方，踢一个球给他，要他在球仍然滚动时踢回给大人。

3. 为了让孩子练习踢滚动中的球，可以让孩子练习向墙根踢球，这样球能随即弹回来，供孩子连续练习。

投掷的训练

投掷动作需要孩子上肢发育正常，双手有良好的抓握、释放能力，手眼协调能力好，有模仿的兴趣和能力，以及较强的空间距离感。

举手过肩扔球

做法：

1. 成人给孩子示范扔球动作，让他模仿。

2. 成人站在孩子身后，帮他举起握着球的手，高过肩，把球向外扔出。

3. 成人站在距孩子几十厘米远的地方，让孩子将球扔给大人，扔对方向就称赞他。

4. 准备一个垃圾桶，让孩子练习瞄准投入，可以一家人一起玩。

抓住蹦跳的球

做法：

1. 成人给孩子示范，怎样张开双臂，接住蹦过来的球。

2. 开始练习时用气球，让孩子练习接球。

3. 成人让孩子张开双臂，确定孩子的眼睛在注视球，对孩子说“手张开，球来了”，然后轻轻丢给他。玩几次之后，可以慢慢地拉远丢球的距离，孩子取得进步应加以称赞。

拍球及接球

做法：

1. 成人拍球给孩子看，让他试着模仿。

2. 成人站在离孩子几十厘米处，把球拍给孩子，并让他拍回来。

3. 成人站在孩子背后，握着他的手，帮他拍球。

4. 成人教孩子丢球，然后用手接反弹回来的球。

5. 成人把球丢在地上，让孩子拍。

骑小三轮车的训练

练习骑小三轮车之前，身体要有较好的平衡能力，双手有握物的能力，并有较好的专注力、空间及距离感，同时能明白简单指令。

骑脚踏车

做法：

1. 如果孩子脚搭不到脚踏车的踏板，就在上面绑一个小木块。

2. 让孩子坐在三轮车上，推他走，让他有踩踏板的感觉。

3. 将孩子的脚固定在踏板上，推动三轮车，让他感觉踏板的运作，之后慢慢松开固定脚的物品。

4. 压着孩子的膝盖，帮他把踏板往下踩，之后连续交替压两个膝盖，口中可同时说“上来、下去”。

5. 站在脚踏车前约30厘米处，拿东西给孩子看，要他骑车过来拿。

6. 帮孩子向前拉脚踏车，如此他可以专心踩踏板而不用管车的方向。

7. 将脚踏车停放原地，让孩子练习踩踏板。

8. 可以让孩子在稍微有点下坡的地面练习骑行，以免他在初学时太费力。

骑脚踏车转弯

做法：

1. 成人站在孩子背后，帮他转车头，慢慢让他学会自己转弯。

2. 让孩子“向左转”，或者向某固定物的方向转。

3. 找一个空旷的场地，将车把手绑起来——呈转弯状态，让孩子自行练习。

4. 教孩子绕物（如沙坑）骑行。

5. 成人在前面跑，让孩子骑着车追赶。

6. 在路上放些障碍物，让孩子骑车绕开障碍物。

手部动作训练

手指动作发展顺序

手指运动发展顺序如下：尾三指抓握——掌心抓握——前三指抓握——拇指食指旁边相向拾起——拇指食指对捏——食指尖指东西——释放动作。

尾三指抓握（0～6个月）

当孩子能用掌心或前三指抓握时，表示孩子已经超越了用尾三指抓握的阶段，因此这个项目可以不做训练。

尾三指不是功能性的抓握，可以不特意训练，而从掌心抓握开始训练。

掌心抓握（0～6个月）

条件：处于主动抓握阶段，即拉出孩子手中握着的小棒，孩子仍旧保持握物姿势。

1. 抓握时，用目标物轻压孩子掌心，以加强孩子的抓握意识。

2. 用不同质地的物体刺激孩子手部。

3. 若孩子掌心抓握能力不成熟，可用被动的方法加强孩子的抓握能力，即拉着他的手来抓握。

4. 鼓励孩子用手摇铃铛。

前三指抓握（或称拇—它指抓握）（6～12个月）

条件：训练的器材要适合前三指抓握，如3厘米长的积木或横截面直径为2～3厘米的小木棒。

1. 握着孩子的小指和无名指，让孩子用前三指操作。

2. 教孩子用前三指将海绵里的水挤出。

3. 教孩子用前三指捏着印章在纸上按出图形。

拇食指旁边相向拾小物（6～12个月）

条件：物体的大小要适合孩子抓握，物体太大时，孩子会用前三指抓握；物体太小时，达不到抓握能力训练的目的。

1. 套上手指偶，训练孩子活动手指的能力。

2. 教孩子用双手拇食指捏着纸，然后撕开。

3. 教孩子用拇食指捏起小物品。

食指尖指东西（6～12个月）

1. 成人握拳，让孩子将自己的食指伸进成人的拳头缝中。

2. 将小星星卡通贴纸贴在镜子上，教孩子用食指指着数星星。

3. 准备有孔的纸板，引导孩子将食指伸进孔中。

释放动作（6 ～ 12 个月）

条件：物体的大小及形状要适合孩子的抓握能力，容器最好是透明的，利于孩子手眼协调能力的发展。口头指令要简单清楚，如：“放进去。”常用游戏是将物体放入瓶中（如将硬币放到钱罐里）。

可以给孩子的帮助有：

1. 轻轻抚摸孩子手背。

2. 帮助孩子使手腕向下屈曲，利于将物体放下。

3. 轻拍孩子手背，使孩子将物体放下。

手部动作的训练

手部运动启蒙

做法：

1. 让孩子仰卧在小床上、沙发上或成人的腿上，抓着孩子的手，在他眼前慢慢地前后移动。

2. 当孩子注意到手时，摇动他的手指给他看。

3. 先拉孩子的手做动作，看看孩子是否会看自己的手，当他看的时候，对他微笑，并摸摸他。

4. 把有色彩（红色）的婴儿短袜当作手套，戴在孩子的手上；剪掉短袜的前端，使所有手指露出来；当孩子经常会注视他戴着手套的手时，则可将手套摘掉。

5. 当孩子不看他的手时，轻挠他的手或用温暖的东西碰触他的手。

一只手拿两个木块

做法：

1. 准备一个3厘米见方的木块，一边给孩子，一边告诉他："拿着。"

2. 将两个3厘米见方的木块放在孩子的一只手中，鼓励他拿住，必要时帮他一下，可以这样鼓励他："拿住，现在你有两个了。"

3. 把孩子放在一个他不容易把东西放下来的地方；让他两只手都拿着东西，再给他一个他喜欢的东西；使他必须把一只手空出来接这个东西，必要时帮他一下。

拇—它指抓握

做法：

1. 使摇铃（或其他乐器）发出声音，吸引孩子注意，然后鼓励他用手拿着铃摇（或其他乐器）。

2. 鼓励孩子用手握木槌，玩木槌。

3. 准备一些橡皮泥，协助孩子捏一些小物件，如小动物、小皮球等。

4. 将一小块海绵浸湿，指导孩子用3个手指将水挤出。

5. 将小饼干放在孩子面前，引导孩子用前三指抓起来吃。

拇指食指对捏

做法：

1. 在孩子面前的盘中放些小型食物，如儿童泡芙饼干。成人给孩子示范如何用拇指与食指捏东西。有必要的话，用手引导他，教他使用拇指、食指对捏，捡起东西。

2. 当孩子将泡芙捏起来就让他吃，当作奖励；让孩子捡起小的珠子，然后交给成人。

3. 如果孩子总是用整只手掌抓东西，可用胶带将中指、无名指及小指粘在一起，然后让他用拇指与食指对捏——“捡起来”，并给予奖励。

需要注意的是，孩子做此类训练时如果用到较小的训练物品，成人一定要注意孩子的安全，以免误食发生危险。

家长需要注意的问题

1 岁前，动作能力发展的关键时期

0 ～ 1 岁，是训练动作能力的最好时期，比如训练婴儿抬头、翻身、坐、爬、立和走。

坐

我们要训练孩子坐，因为坐是站的前提。当孩子会坐了，视野就开阔了，他的生活世界就不同了，可以学到许多东西。孩子坐着可以腾出双手玩玩具，从而为智力开发创造了条件。

但是坐不宜早练。不要过早让孩子被动坐，否则将影响孩子脊柱自然弯曲的形成。

婴儿在 6 ～ 7 个月才能形成胸椎向后凸起的脊柱第二个自然弯曲。第二个弯曲形成后，支持坐这一动作的骨骼才发育成熟。如果过早练坐，自身骨骼的支持力差，易造成脊柱变形。最好先让孩子多练爬，孩子可以从爬的姿势慢慢发展出坐姿。或者到 5 ~ 6 个月时，由成人抱着孩子练习坐，但这种练习时间不宜过长。

爬

爬是非常重要的一个动作，一般认为孩子 6 ~ 7 个月时开始学爬。爬行对放松全身，协调全身动作，增进孩子活动的主动性，扩大对环境的接触都是有好处的。

孩子最初的爬行要有成人帮忙。成人用手掌推着孩子的脚，让其前进，继而可用玩具引诱孩子向前爬。孩子需要爬的时间特别长，从 4 ~ 5 个月开始到 1 周岁甚至更久，都有爬的需要。

爬不仅锻炼了身体多处的肌肉，甚至眼部肌肉；还可以促进大脑与小脑的发育，促进前庭和感统发展。婴儿期四肢能支撑重量，动作灵敏，对将来从事任何职业都有好处。

肌肉锻炼的基础是婴幼儿时期，但是不强调让婴儿做被动操练，因为做被动操练，如果力量过大，容易造成婴儿肢体的损伤。我们主张用玩具诱导，让婴儿主动地运动，这是最安全有效的办法。

走

1 ～ 2 岁是从婴儿向幼儿过渡的重要时期。1 岁末各种基本姿势已经发展完成，接下来就是位移 / 平衡协调动作的发展。

身体运动主要通过行走来表现，行走的敏感期在 1 ～ 2 岁。这期间，孩子有一种不可抗拒的冲动想要学习行走。学会走路是孩子的第二次出生，是一生中的大事，标志着从一个不能自主的人成为一个主动的人。

孩子喜欢在线上走，在矮墙上走，在木头上走。这是因为孩子有了想要控制自身平衡的需求。孩子还喜欢提重物、背手走路，以加强平衡能力和锻炼肌肉。这都是平衡发展的需要。

这时我们要保护好孩子，不要老站在他的面前，否则挡住了他的视线，影响运动能力和智力发展。孩子学会了走路，他的生活将发生很大的变化，一切活动将从被动的、不自主的变为主动的。

孩子会走路之后可以到处随意活动，活动范围也随之扩大。他可以到处去看、去摸、去拿，眼界开阔了，认识丰富了，感知能力随之得到了发展。

这期间，重要的是给孩子创设一个安全的环境，以保障其运动能力的发展。

2～3岁，手部动作发展的重要时期

2岁以后，人类基本姿势和大动作的发展基本完成，此后平衡协调和技能技巧动作是动作发展的主要内容，如跑步、跳、走平衡木等。

除此之外，1岁半以后一直到4岁，是发展手部动作的重要时期，特点是见什么都要摸一摸。这个时期的孩子常专注于铲沙子、运沙子，把沙子从小桶里倒出来；还喜欢扫地、扫纸屑、捡豆子等。他们对各种工具的使用使自己的手得到了锻炼，变得更灵巧了。如果这个时期各种需求受到了家长的限制，以后可能什么都想破坏；如果各种需求得到了满足，将会发展出一双灵巧的手。

拥有灵巧的双手的孩子，他们的判断力、思考力以及分析能力都比一个手笨的孩子优秀。因为手是人类外显的大脑，人类凭借着手才拥有了一切。

别忽视孩子注意细枝末节的年龄

1岁半以后一直到4岁，这个时期孩子的注意力经常集中在一些细小、微不足道的东西或情景上，比如细小的饼干渣、小蚂蚁搬家、树上爬的小虫子等，这说明孩子与成人视野不同。对这种细枝末节的注意是观察的开始，所以成人不可以对孩子的这种现象加以粗暴干涉，否则不利于孩子观察力的培养。

游戏是孩子最主要的生活内容

游戏是此时期孩子主要的生活内容，游戏是最好的教育方式和发展方式。

将要教给孩子的知识变成游戏，让孩子在游戏中不知不觉地学习，特别重要。

孩子在游戏时将充分地表现他们的各种能力、情感和个性。孩子也将通过游戏来学习，来发展自我。

对孩子来说，游戏就是他们的生活。游戏是孩子心理发展必不可少的营养品。

第四章

婴幼儿运动发展早期促进措施

婴幼儿运动发展的早期促进

婴幼儿运动发展的早期促进主要是在家里完成的，需要父母及养育人给予孩子更多的关爱，树立科学养育的新观念。

婴幼儿运动发展的早期促进措施，必须根据孩子的生理解剖特点，对体格锻炼的内容、运动量、用具、外界环境条件等提出相应的卫生要求，预防运动创伤，以达到促进发育、增强体质的目的。

可采取多种形式来促进婴幼儿运动发展。在日常生活中，可充分利用各种自然因素，进行日光浴、空气浴和水浴。此外，新生儿抚触、主被动操、游戏以及集体活动都对其有积极影响。各种锻炼项目的综合应用，既能互相补充又能彼此加强。

“三浴”锻炼

空气浴

空气浴是一种简单易行的方法。接触新鲜空气是开始锻炼的第一步，环境的气温和人体皮肤表面的温度之间的差异形成的刺激，可促进新陈代谢，健壮呼吸器官，增强心脏活动。出生后3～4周的婴儿，夏季可在户外阴凉处睡眠或活动片刻；冬季可开窗呼吸新鲜空气，待习惯较冷空气后再移至户外。

2～3个月的婴儿，可在室温不低于20℃时，逐渐减少衣服，最后达到只穿短裤进行活动。

户外实施空气浴的时间，应根据不同地区和不同季节而灵活安排，不要经常变更时间。在饭后 1 ~ 2 小时内实施为宜。每日 1 ~ 2 次，每次持续时间由开始的 2 ~ 3 分钟，逐渐增加。

实施空气浴时的气温，应随年龄、体质而异。一般 3 岁以下小儿和体弱的孩子，应不低于 15℃；对 3 ~ 7 岁孩子，则可降低至 12℃ ~ 14℃；学龄孩子可在 10℃ ~ 12℃环境活动。当小儿脱衣后，应先用干毛巾摩擦全身皮肤。结合活动性游戏，比单纯空气浴要好。

日光浴

在日光照射下，随着血管扩张，循环加快，可促进心肺功能。因此，适当的日光照射有促进小儿生长发育的作用。对婴幼儿和体弱孩子可采用散射和反射光，避免日光直射。

日光浴不宜空腹进行，可在餐后 1 ~ 1.5 小时进行。实施日光浴时，应戴白帽以免头部过热，并注意保护眼睛，避免阳光直射。先晒背部、再晒两侧，最后晒胸腹部。气温超过 30℃时，可在户外、树荫下实施，不宜做直晒的日光浴。

实施日光浴时，应观察孩子的反应，如脉搏、呼吸、皮肤出汗和发红情况，以判断日光浴的可接受程度。

水浴

水浴是利用身体表面与水的温差来锻炼身体。水导热性强，能从体表带走大量的体热。利用水锻炼的方式很多，如浸浴、擦浴、淋浴以及天然浴场游戏等。

浸浴

适用于婴儿，用一个较大的浴盆盛水，水量以婴儿半卧位时锁骨以下全浸入水中为宜。室温 21℃左右时，水温以 32℃左右为宜，每次浸泡约 5 分钟为宜，每天可如此锻炼一次。对稍大的婴儿，最初水温可逐渐降低至 28℃ ~ 30℃。

擦浴

刺激作用较温和，操作方法也较简便，可用于 6 ~ 7 个月以上任何体质的小儿。一般自手、臂，脚、腿做向心方向摩擦，擦毕随即用干毛巾摩擦，至皮肤微红为止。开始时水温 35℃为宜，以后每隔 2 ~ 3 天降 1℃，婴儿可降至 26℃，幼儿可降至 24℃，学龄前孩子可降至 20℃ ~ 22℃，室温不低于 16℃ ~ 18℃。

淋浴

除水温刺激外，还有水流的机械压力也可起到按摩作用，适用于 2 岁以上的孩子。淋浴时，先冲背部，然后两肋，继之胸部和腹部。冲淋后，用干毛巾立即将全身擦干，并摩擦至皮肤微红为止。

开始时，水温为 35℃ ~ 36℃为宜，以后每隔 2 ~ 3 天降 2℃。对于幼儿，水温不低于 26℃ ~ 28℃为宜，稍长一些可降至 22℃ ~ 24℃，室温保持在 18℃ ~ 20℃为宜。

游泳

利用天然水浴场的锻炼，结合水、空气、日光的作用，对孩子体格发育及健康极为有利。最好选择平坦、活水、水底为沙质、水质清洁、附近无污染源的浴场，也可在游泳池里进行。学龄前孩子下水时水温不应低于 26℃，游泳时间可逐渐延长。

抚 触

抚触是指通过抚触者双手对被抚触者皮肤各部位进行有次序、有手法、有技巧的抚摸。由父母给予婴幼儿一些被动的运动刺激，不仅能够促进婴幼儿各方面的发展，而且能够促进父母和孩子之间情感的建立。婴幼儿抚触可使其身心受到抚慰，消除孤独、焦虑、恐惧等不良情绪，从而促进婴幼儿身心的健康发育。在抚触的过程中，情感的交流是极为重要的。在婴幼儿尚无语言交流能力的情况下，通过肌肤接触这一非语言交际形式进行情感交流，显得尤为重要。

抚触的一般顺序是头部、胸部、腹部、上肢、下肢、背部、臀部。

抚触的方法

眉部抚触

功效：舒缓面部肌肉、明目、醒脑等。

方法：两手拇指水平放在孩子眉头上方，其余四指放在头后部。两手拇指从眉头上部向双颞侧水平推压至太阳穴处停止，也可继续至耳后或向下滑动至颈部。

次数：重复3次。

速度：缓慢。

力度：适中。

鼻两侧抚触

功效：舒缓面部肌肉、明目、醒脑等。

方法：两手拇指置于孩子眼眶下、鼻两侧，其他四指放在脑后。两手拇指沿着鼻梁两侧向下推压至鼻翼两侧后，拇指渐转为水平状绕过颧骨继续推压至耳前停止。

次数：重复3次。

速度：缓慢。

力度：适中。

手心抚触

功效：手心里有反射全身的穴位，按摩手心可以刺激全身各穴位，同时也是清洁手掌的过程。

方法：让孩子的手心朝上，将右手拇指放在孩子横掌纹前部，并以此为轴心，用食指沿着孩子手掌边部顺时针做环状搓动。

次数：每次右手16圈，左手24圈。

速度：中速。

力度：适中。

手背抚触

功效：按摩手背有刺激神经，促进手背血液循环、肌肉运动的作用。

方法：让孩子的手背朝下；将两手拇指放在孩子的手背上，食指和中指放在孩子手心，与无名指、小指配合轻轻夹住孩子的手；两拇指一前一后在孩子手背部搓动。

次数：每次右手搓 16 下，左手搓 24 下。

速度：中速。

力度：适中。

手指抚触

功效：为精细运动做准备。

方法：用拇指、食指、中指轻轻拿起孩子的一根手指，由指根处向指尖转动，依次由大拇指转至小拇指。

次数：以一首亲子儿歌的完成为周期，右手做 3 遍，左手做 5 遍。

速度：中速。

力度：适中。

手臂抚触

功效：有助于活动手臂肌肉，舒通血液。

方法：按摩时，左手握住孩子的手，右手拇指在下，其他四指在上，轻松地环在孩子的手臂上，从腕关节开始，向上搓至肩关节，再往下搓至腕关节为一个完整的过程。

次数：重复 2 次。

速度：中速。

力度：适中。手全面与孩子的手臂接触，但不要伤到孩子的皮肤。

手臂大运动

功效：使肩、肘、腕三个关节得到适度运动。

方法：以肩关节为轴做圆周运动，将孩子手臂侧平举，然后以肩部为轴向外做循环运动一周，回到原位。

次数：两手臂各重复4次。

速度：中速。

力度：轻微，不要引起孩子疼痛。

胸大肌舒展

功效：促进血液循环及胸式呼吸，增加胸部运动等。

方法：按摩时，两手展平，置于孩子胸部中央，指尖自胸骨下开始，全手掌紧贴前胸向上推动，五指碰到锁骨后，逐渐向两侧推向肩胛。

次数：重复4次。

速度：缓慢。

力度：力量稍大。

扩胸运动

功效：促进血液循环及胸式呼吸，增加胸部运动等。

方法：两手握住孩子的双手，向两侧水平伸展，然后向身体的中心部位交叉抱臂，右臂在上；再向两侧水平伸展，然后向身体的中心部位交叉抱臂，左臂在上。孩子出生后为腹式呼吸，通过扩胸运动，可以促进孩子的胸式呼吸。

次数：重复 4 次。

速度：缓慢。

力度：力量稍大。

腹部抚触

功效：促进肠蠕动，使大便通畅，增强胃肠功能等。

方法：按摩时，右手指尖向左放在孩子的下腹部，全手掌接触到孩子的皮肤后，沿顺时针方向开始推向左上腹，再转向右上腹，右下腹终止；左手并排跟进，沿同一轨迹至右下腹终止。

次数：重复 3 ～ 4 次。

速度：缓慢。

力度：力量稍大，以看到指尖前部孩子的皮肤出现皱褶为宜。

足底抚触

功效：足底有反射全身的穴位，抚触足底有助于全身各器官功能的运行。

方法：孩子仰卧，将右手拇指放在孩子的足跟处，以此为轴心，使食指紧贴孩子的皮肤做顺时针环状搓动。

次数：每次右足心 16 圈，左足心 24 圈。

速度：中速。

力度：适中。

足背抚触

功效： 活动肌肉，舒通血液。

方法： 孩子仰卧，将两手的食指、中指置于足底，与无名指、小拇指配合轻轻用力夹住孩子的小脚，两大拇指横向一上一下搓动孩子的足背。

次数： 每次右脚 16 下，左脚 24 下。

速度： 中速。

力度： 轻度。

脚趾抚触

功效： 活动肌肉，舒通血液。

方法： 用拇指、食指、中指轻轻拿起孩子的一根脚趾，由趾根处向趾尖转动，顺序从大脚趾依次至小脚趾。

次数： 以一首儿歌为一个完整的脚趾抚触周期。右脚做 3 遍，左脚做 5 遍。

速度： 中速。

力度： 轻度。

搓动腿部

功效： 活动腿部肌肉，疏通血液。

方法： 按摩时，左手握住孩子的足部，右手用拇指和其他四指轻轻环在孩子的小腿上，从踝关节向髋关节移动，再移回踝关节处为一个完整的过程。

次数： 重复 2 次。

速度：适中。

力度：适中。手要全面与孩子的腿部皮肤接触，但不要伤到孩子的皮肤。

膝部弯曲

功效：使膝关节变得有力。

方法：孩子仰卧，先抬起孩子的右腿向腹部推动，使孩子的大腿部紧贴在孩子的腹部后收回右腿，再抬起孩子的左腿做同样的动作。

次数：右腿、左腿各运动 2 次为一遍，每次做 16 遍。

速度：适中。

力度：适中。

双腿上举运动

功效：松筋练骨，增强腿部肌肉。

方法：孩子仰卧，将拇指放在孩子的小腿肚上，其余四指并拢放在膝盖处，向上举起达 90 度，然后复原。以举起并复原为一个过程。

次数：重复 4 次。

速度：适中。

力度：轻度。不要让孩子感觉到疼痛。

双腿外展运动

功效：有松弛肌肉、活动髋关节的功效。

方法：孩子仰卧，两手握住孩子两腿向上推直至弯曲，然后慢慢做外展运动，直至两膝接触床面。

次数：每天重复4次。

速度：慢速。

力度：适中。

腿部大运动

功效：以髋关节为轴做圆周运动，可使髋关节、膝关节、踝关节都得到活动。

方法：孩子仰卧，双手握住孩子的两脚，分别将小腿抬至90度，然后以髋关节为轴，从外至内转动一周，然后回到原位。此为一个完整过程。

次数：每次运动左右腿，各重复4次。

速度：适中。

力度：适中。转动时不要让孩子感觉到疼痛。

抚触的注意事项

1. 实施准备：在抚触时，不可戴戒指、手表；抚触前，通过搓掌等方式使手温更合适。

2. 实施温度：室内温度控制在27℃～28℃为宜。

3. 实施时间：抚触应在两次喂奶中间或吃奶半小时以后，以防止溢奶。切忌在新生儿过饱、过饿、疲劳的时候抚触，否则不但不能让孩子享受亲子之间的快乐，反而会使其反感。

4. 抚触时间：每次时间控制在10分钟左右为宜，每个部位2分钟左右为宜，每日 1 ～ 2 次为宜。

5. 力度要适中：太轻会让孩子痒痒，从而引起不适或反感；太重容易伤到孩子皮肤。力度要根据孩子的反应做调整。抚触实施完毕后，若孩子的皮肤微微发红，则表示力度正好；若孩子的皮肤颜色不变，则说明力度不够；若只做了两三下，皮肤变红了，说明力度太强。另外，随着孩子年龄的增大，力度也应相应增加。

6. 注意观察抚触过程中孩子的情绪变化，若孩子有哭闹、肌张力增加、肤色异常、呕吐等异常现象，应立即停止抚触。然后查找原因，如尿布是否湿了，是否肚子饿了，是否想睡觉了，或是哪里不舒服等。若没有这些客观原因，则与孩子不喜欢抚触有关，因为每个孩子的个性是不同的。若孩子不愿意接受抚触时，最好和他做一些其他活动，如听一段优美的音乐，或是做一些轻松的游戏等，同样可达到抚触的效果。

7. 早产儿抚触应在适宜的环境中进行，若体温不稳定，可在暖箱内进行。

8. 沐浴后抚触效果更好。喂奶半小时内或脐带脱落前，不可抚触。孩子疲劳、饥渴、烦躁不安时，不应做抚触。

9. 抚触的内容应符合孩子的年龄需求。孩子长牙的时候，可让他仰面躺下，多帮他按摩小脸。在会爬行时，可让他趴下，帮他练习爬。若可走路时，可多给孩子做腿上的按摩。另外，足部的抚触也很重要。除了让孩子身体放松外，更重要的是让孩子心情愉悦，所以抚触时大人应格外温柔、亲切。

此外，在给婴幼儿尤其是婴儿抚触的时候还有三点要特别注意。

1. 头部：双手捧起孩子头部时，要注意脊柱和颈部的安全。

2. 腹部：要按顺时针的方向进行，有利于孩子胃肠消化。新生儿的脐带还未脱落时，要小心进行。

3. 关节：关节是新生儿最容易感到疼痛的地方，要自如地转动孩子的手腕、肘部和肩部的关节，不要在孩子关节部位施加压力。

主被动操

被动操是一种专门针对6个月之内的孩子的健身操。在成人的帮助下，有节奏的动作和口令，既可促进孩子基本动作的发育，又可使孩子心情愉快。

主动操适合6～12个月的孩子，如8个月可开始训练爬的动作，然后锻炼站、走，每天进行1～2次为宜。爬可使孩子全身得到活动，扩大视野，促进协调能力发展。在家长或者育婴师的帮助下，每天可做2～3次，每次5分钟左右，是比较合适的。

主被动操是在成人的适当扶持下，加入孩子的部分主动动作来完成的。主被动操的动作主要有锻炼四肢肌肉关节的上下肢运动，锻炼腹肌、腰肌以及脊柱的桥形运动、拾物运动，为站立和行走做准备的立起、扶腋步行、双脚跳跃等动作。每天进行主被动操的训练，可活动孩子全身的肌肉关节，促进爬行、站立和行走。

4～6个月婴儿被动操

目标：训练孩子爬行、站立、走、弯腰、跳跃等动作，增强孩子动作的灵活性，促进孩子运动能力的发展。

方法：

第一节：手臂交叉运动。孩子仰卧，妈妈用两手分别握住孩子两只手腕，先将孩子两臂左右分开，再将其两臂胸前交叉，做2个8拍。

第二节：上肢屈伸运动。孩子仰卧，两臂伸直，妈妈两手握住孩子两只手腕，将孩子左臂肘关节屈曲，再张开，然后换右臂。两臂轮流做，各做2个8拍。

第三节：下肢屈伸运动。孩子仰卧，两腿伸直，妈妈两手握住孩子两边脚踝，先将孩子左膝关节屈曲，贴近腹部，伸直还原，再换右边。两腿轮流做，各做2个8拍。

第四节：两腿拉直上举。孩子仰卧，妈妈两手握住孩子两边脚踝，将孩子的两腿拉直上举，直至与腹部成直角，然后放平，做2个8拍。

提示：

1. 应在孩子吃完奶半小时后或洗浴完毕后进行。

2. 边做边数节拍，不但能增强孩子的专注力，还能引起孩子极大的兴趣。

3. 可搭配歌曲：

太阳当空照，花儿对我笑，
小鸟说早早早，你为什么背上小书包？
我去上学校，天天不迟到，
爱学习爱劳动，长大要为人民立功劳！

7 ~ 12 个月婴儿主被动操

目标：促进孩子骨骼、肌肉的生长和发育。

方法：

第一节：按摩全身

预备姿势：让孩子自然放松，仰卧。

动作：

1．“一、二、三、四”，成人握住孩子两只手腕，从手腕向上按摩 4 下至肩。

2．“五、六、七、八”，成人握住孩子两个脚踝，从足踝向上按摩 4 下至大腿部。

3．“二、二、三、四”，自胸部至腹部进行按摩，手法呈环形。

4．“五、六、七、八”，动作同步骤 3。

第二节：伸、屈肘关节及两臂上举运动

预备姿势：成人两手握住孩子两手腕部。

动作：

1．“一”，两臂侧平举。

2．“二”，将两臂肘关节弯曲，双手置于胸前。

3．“三”，将两臂上举直伸。

4．“四”，还原。

5．“五、六、七、八”，动作同步骤 1 ~ 4。

第三节：伸、屈踝关节

预备姿势：第一个8拍，成人左手握住孩子左踝部，右手握住左足前掌。第二个8拍，成人左手握住孩子右踝部，右手握住右足前掌。

动作：

1.“一、二、三、四”，以左足踝关节为轴，向外旋转4次。

2.“五、六、七、八”，以左足踝关节为轴，向内旋转4次。

3.“二、二、三、四”，以右足踝关节为轴，向外旋转4次。

4.“五、六、七、八”，以右足踝关节为轴，向内旋转4次。

第四节：两臂胸前交叉及肩关节运动

预备姿势：两手握孩子的两手腕部。

动作：

1.“一、二”，两臂侧平举。

2.“三、四”，两臂胸前交叉。

3.“五、六”，将左臂弯曲贴近身体，由内向外做回旋动作。

4.“七、八”，将右臂弯曲贴近身体，由内向外做回旋动作。

第五节：两腿轮流伸、屈及回旋运动

预备姿势：两手分别握住孩子左右踝关节上部。

动作：

1.“一、二”，伸、屈孩子左腿关节。

2.“三、四”，伸、屈孩子右腿关节。

3.“五、六”，将孩子左膝关节弯曲，左大腿靠近体侧由内向外回旋。

4．“七、八”，将孩子右膝关节弯曲，右大腿靠近体侧由内向外回旋。

提示：

1．主被动操能促进孩子从被动地由成人帮助活动发展到主动活动。这种动作是一种刺激信号，不仅能促进孩子脑功能的发育，还能促进心、肺、肌肉、骨骼等的发育。

2．孩子若有吵闹，可暂时停止做操。

3．可随着音乐节奏做操，也可不放音乐，按孩子的动作节奏做操。

4．动作要轻柔连续，用力不能过猛，要尽量顺应孩子的动作。

5．做操时，家长应不断地讲述主被动操的内容，如“拉着宝宝的小手，宝宝坐起来”等。

0～12个月运动游戏

抓握练习游戏——抓住花铃棒[1]

游戏名称：抓住花铃棒

游戏目的：促进视觉—运动能力的发展；训练触觉的敏锐性，促进伸手抓握能力的发展。

游戏过程：

1. 大人边轻轻摇动花铃棒，边用柔和的声音呼唤宝宝，以让花铃棒的响声吸引宝宝的注意力。

可配合儿歌：

嘀铃铃，嘀铃铃，
宝宝宝宝听一听；
嘀铃铃，嘀铃铃，

1 进入“童芽”微信公众号，点击“看书”，点击《玩出大能力：0～3岁婴幼儿早期运动发展指南》，点击“拍图看视频”按钮，拍摄此小节图片可观看游戏操作视频。需付费。

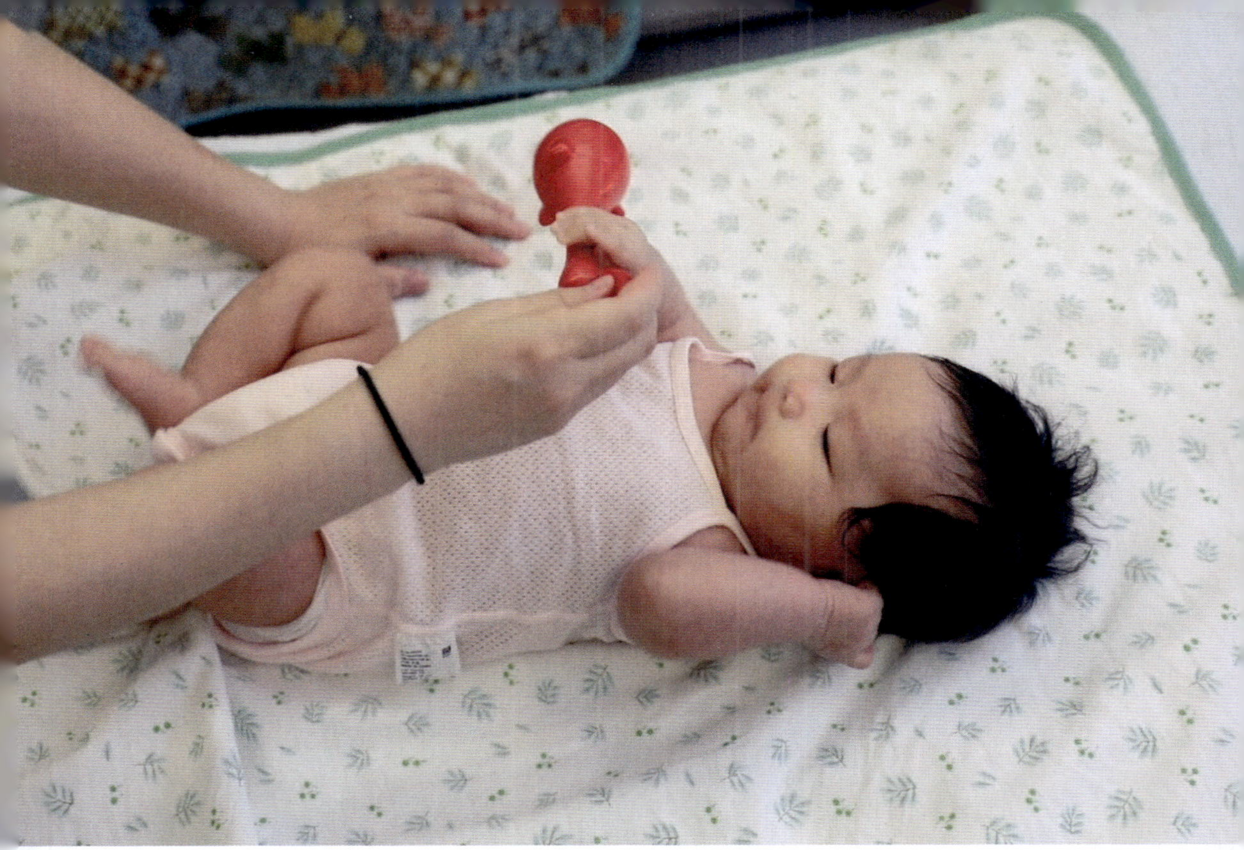

花铃棒唱歌宝宝听。

专家解读： 宝宝出生以后，随时随地在观察周围的人和物。我们可以借助花铃棒以及类似的玩具和宝宝进行交流。

2. 成人笑着对宝宝说："宝宝，宝宝，我们来抓花铃棒好不好？"然后在宝宝看得见的地方，成人边说边将两手打开："打开、握拳；打开、抓住！"在示范完这些动作之后，成人将花铃棒放到离宝宝不远的地方，让宝宝尝试将手打开，抓住花铃棒。

可配合儿歌：

抓一抓，抓一抓，
打开小手练习抓；
抓呀抓，抓住啦，
握成拳，攥紧它。

专家解读：触觉对宝宝来说是一项非常重要的能力，有助于宝宝视知觉和身体知觉的体验。宝宝刚刚来到人世间，需要持续的触觉刺激，比如经常揉揉宝宝的手心等。宝宝喜欢主动或者被动地去触碰他人、衣物以及他周围的一切。那么就去满足他的要求，帮助他发展触觉的敏锐性，促进视觉—运动能力的提高。

拍手游戏——拍一拍、攥一攥

游戏名称：拍一拍、攥一攥

游戏目的：训练手的精细动作以及手眼协调。

游戏过程：

1. 成人将宝宝抱在怀里，坐在镜子前面，给宝宝示范拍手的动作；然后一边说“小手放进大手里，拍拍手儿做游戏”，一边将宝宝的小手放到自己的大手里，帮助宝宝模仿拍手的动作。

2. 成人将宝宝放到自己的怀里，坐好，然后用自己的大手握着宝宝的小手，一边把宝宝的手指攥进手掌中，一边说儿歌：

小手拍一拍，小手伸出来，
小手攥一攥，五指再张开；
小手拍一拍，小手伸出来，
小手胖乎乎，小手真可爱。

专家解读：模仿会让宝宝和成人更加合拍。在游戏中，成人要帮助宝宝玩自己的手，尽量做到手眼协调。精细动作在这个过程中会得到相应的锻炼和提高。

抓放练习游戏——抓一抓、放一放

游戏名称：抓一抓、放一放

游戏目的：训练宝宝抓与放的技能，为手指灵活摆弄物体打基础。

游戏过程：

1. 成人将色彩鲜艳的、宝宝喜欢的小玩具放到宝宝身边，逗引宝宝说：“宝宝快看，把你的双手打开，伸手去抓。”当宝宝抓到后，要肯定宝宝做出的动作，为宝宝的努力鼓掌。

2. 成人帮助宝宝松开手，把抓到手里的玩具放下来。要让宝宝舍得松开自己的手，让自己的手放空。当宝宝松开手里的玩具时，成人也要为他鼓掌，祝贺他完成了这个动作。

可配合儿歌：

小手绢，手里拿，小玩具，手里抓，
拿一拿，放一放，抓一抓，松开来，
宝宝小手真灵活，宝宝小手真听话。

专家解读：触觉辨别力的训练，是为了帮助宝宝提高触觉敏感度和分辨各种外界刺激的能力。当宝宝在视觉引导下会触碰物品之后，近处和远处的物品都能引发宝宝改变身体动作去够、去抓。成人要帮宝宝练习抓住及松手的动作，以及放下手中的物品去抓下一个物品的意识，从而达到训练手指灵活度的目的。

俯卧抬头练习游戏——找妈妈

游戏名称：找妈妈

游戏目的：促进前庭平衡，锻炼宝宝头、颈以及四肢肌肉的运动能力。

游戏过程：

1. 成人轻轻拍拍宝宝，对宝宝说："宝宝好可爱！身体好柔软！我们都爱你！来，我们来训练。"

2. 成人轻轻地让宝宝趴在床上，头偏向看不见成人的一侧。成人在另一侧用充满浓浓爱意的声音，轻轻地呼唤或逗引宝宝："咦，宝宝呢，宝宝哪里去了？"这时，宝宝也许会自然地努力抬头。

可配合儿歌：

小宝宝，床上趴，
凭着感觉找妈妈；
眼睛看，耳朵听，
转转头，找妈妈；
手动动，脚动动，
真想爬去找妈妈。

俯卧抬头练习的时间不能太长，每一次训练后都要让宝宝仰卧休息一会儿。另外，宝宝刚吃饱时，不要让他俯卧。

专家解读：俯卧抬头练习，是宝宝大动作发展的重要内容。俯卧抬头锻炼了宝宝头、颈以及四肢肌肉的运动能力。当宝宝会抬起自己的肩膀，用手和腹部的力量把自己的身体支撑起来，以肚子为轴转动身体观察周围的时候，他的视野扩大了，他的自信心增强了，由此便不再满足于在原地停留，逐渐开始移动探索。

抬头游戏——听着音乐练抬头

游戏名称：听着音乐练抬头

游戏目的：增强身体的移动意识，训练前庭系统。

游戏过程：

每天给宝宝做完抚触后，先让宝宝俯卧在床上，然后将音乐打开，让宝宝随着音乐进行抬头训练。从 4 小节训练、4 小节休息，逐渐延长至 8 小节甚至 16 小节训练。

欢快的音乐可以使宝宝精神振奋。寻找音乐的源头成为宝宝俯卧时练习抬头的动力。当宝宝的两臂撑不住头部的重量而趴下时，可以轻轻揉一揉他的两臂和后背，给宝宝以爱的鼓励。

专家解读：俯趴训练促进了前庭系统发育。从感官系统发育和成长的角度来讲，经常俯趴有利于宝宝的头部和颈部肌肉的增强，可以促进宝宝脸颊部位的触觉感知，还可以刺激口部肌肉技能。俯趴抬头训练还特别适合头部还直立不起来的宝宝。音乐可以让宝宝兴奋，能增加其运动的兴趣。

翻身游戏——拿娃娃

游戏名称：拿娃娃

游戏目的：训练翻身能力，锻炼头、颈、躯体及四肢肌肉的协调能力。

游戏过程：

1. 仰卧变侧卧：成人对宝宝说："宝宝，来，我们学着翻个身，拿娃娃吧！"说完后，成人让宝宝仰卧，将宝宝的一只手放在胸部，另一只手向上举。然后，成人一只手扶住宝宝放在胸部的小手，另一只手放在他的背部，帮助宝宝学习被动翻身，从仰卧转为侧卧。

2. 侧卧变俯趴：成人用娃娃逗引宝宝抬头看，锻炼其头、颈部的力量。

可配合儿歌：

身边放着大娃娃，
宝宝翻身过去拿，

翻呀翻，学翻身，

翻过身去拿娃娃。

成人在游戏开始时，要引逗宝宝的翻身愿望，甚至要助宝宝一臂之力，帮他翻身。

专家解读：从仰卧到侧卧，可帮助宝宝感受被动翻身的感觉，练习头、颈、躯体及四肢肌肉的协调能力。可爱的宝宝，有时手舞足蹈，有时双脚乱蹬。成人要抓住时机，随时指导跃跃欲试的宝宝进行翻身。当然，成人一定要树立安全意识，日常生活及游戏训练时，都要注意安全，防止宝宝坠床。

侧翻身游戏——翻一翻

游戏名称：翻一翻

游戏目的：训练双侧协调，发展四肢的动作和力量；促进前庭平衡觉和感知觉能力的发展。

游戏过程：

1. 宝宝仰卧，成人将一面小鼓拿在手里，边敲边吸引宝宝的注意。当确定宝宝的眼睛注视小鼓时，将小鼓往宝宝的头部右侧移动，让宝宝不由自主地将头部转向右侧。然后，再换另一侧练习。

2. 成人边说儿歌边帮宝宝做侧翻身练习。

可配合儿歌：

嗯！嗯！快使劲，

翻呀翻，学翻身；

嗯！嗯！侧翻身，
向左翻，翻过来，
向右翻，翻过来，
先练翻过一半身。

3. 如果宝宝翻身不是那么顺利，成人可以助宝宝一臂之力，帮助宝宝把手搭在大腿上，给他一点点力，让他向对侧翻。

专家解读：翻身是人生成长的必然经历。宝宝身体意识发展的同时，双侧（两侧）统合也开始发展。比如，成人可以观察到，在玩拨浪鼓游戏的过程中，宝宝是根据自己的偏好，以某一侧的脑来指挥身体对侧的发展。当侧化发展成熟后，宝宝便开始出现了惯用手。

靠坐游戏——起身、靠靠

游戏名称：起身、靠靠

游戏目的：促进身体的平衡，学着在斜靠中稳住自己的身体。

游戏过程：

1. 宝宝吃饱以后，成人慢慢扶着宝宝坐好，拿一个软垫放到宝宝的后背处，让他靠稳，然后在宝宝身前逗他。

可配合儿歌：

宝宝小床上，
玩具真不少，
躺着玩一玩，
坐起靠一靠。

2. 成人还可以拿一些大的毛绒玩具，放在宝宝身边，然后边说儿歌边扶宝宝与毛绒玩具靠在一起。

可配合儿歌：

小狗靠着，宝宝靠着。
小猴靠着，宝宝靠着。
小兔靠着，宝宝靠着。
大家都靠着，宝宝也靠着。

专家解读：随着身体意识的发展，宝宝对自己身体姿势的反应增强了，能够做出不同的姿势，并能慢慢地延长维持这个姿势的时间。当宝宝头部发展出稳定性，带动了宝宝眼神的稳定性，可帮助宝宝提升动作的控制力。相比能够抬起头来，能靠着坐更是一件让宝宝开心的事情，因为这时他的视野更加扩大了，看到的东西越来越多，生活的乐趣又增加了。

拉坐游戏——拉一拉，坐起来

游戏名称：拉一拉，坐起来

游戏目的：锻炼头颈部、手部和上肢的力量；促进本体觉的发展。

游戏过程：

1. 宝宝仰卧，成人用两手分别扶着宝宝的两个肩膀，边说儿歌，边向前、向上拉宝宝，直至扶宝宝坐起来。宝宝则配合成人的动作，将上身离开床。

可配合儿歌：

扶住宝宝两肩膀，

拉一拉，拉一拉，

坐起来，坐起来，

帮助宝宝坐起来。

2. 宝宝仰卧，成人用双手拉着宝宝的肘部和前臂，边说儿歌边扶着宝宝坐起来，同时关注宝宝头部和颈部的反应。

可配合儿歌：

扶住宝宝肘与臂，

拉一拉，拉一拉，

坐起来，坐起来，

帮助宝宝坐起来。

3. 宝宝仰卧，抓住成人的手指，自己借力坐起来。成人将两个食指放入宝宝掌心让其握住，然后边说儿歌边拉着宝宝坐起来。这种练习对于宝宝的头部和颈部以及上肢力量是一个比较难的考验。

可配合儿歌：

宝宝握住大手指，两臂用力头抬高。

慢慢慢慢坐起来，眼睛向着四面看。

专家解读：本体觉可以告诉宝宝有关身体移动与身体位置的信息。和宝宝一起练习“拉一拉，坐起来”，是促进本体觉发育、训练运动与平衡的过程，也是让宝宝学着听从指令的过程。宝宝与成人相互配合、相互信任的语言和动作，可以让他借助大人的力量学习操控自己的身体——坐起来，并且坐起来的动作慢慢地会越来越协调。

扶坐游戏——不倒翁

游戏名称：不倒翁

游戏目的：学习前倾坐，开阔宝宝视野，激发宝宝双手活动的愿望；促进本体觉、平衡觉的发展。

游戏过程：

1. 成人把宝宝扶起坐在床上或软垫上，让宝宝的双腿伸直，双手手掌平放身前，然后用玩具吸引宝宝坐稳，并对宝宝说："宝宝长本事啦，会自己坐着啦！"这时成人要关注宝宝是否坐稳了，是否会主动向前倾。

2. 在第一步基础上，将玩具慢慢向宝宝跟前移动，激发宝宝上身向前倾——去拿玩具的愿望。

3. 成人可以帮助宝宝稳住身体，鼓励宝宝用一只手支撑身体，用另一只手努力去拿玩具，拿到玩具后再坐回原来的样子。

可配合儿歌：

宝宝坐下，哪也不靠，
不摇不倒，像不倒翁。
宝宝前倾，两腿分开，
不摇不倒，像不倒翁。
宝宝伸手，一手支撑，
不摇不倒，像不倒翁。

专家解读：宝宝坐起来，是将来让自己的身体与地面垂直站起来的第一步。在游戏中，成人要关注宝宝"姿势自动调整"的现状，比如，成人要注意宝宝的头部是否控制好了；全身运动是否协调；向前倾的时候，要自然地用一只手向前支撑，身体要呈前倾坐姿；还有安全问题，要防止宝宝向前扑倒。

整个翻身游戏——小蜗牛

游戏名称：小蜗牛

游戏目的：刺激前庭平衡觉，训练宝宝的身体协调性，增强腰部和手脚的力量。

游戏过程：

1. 仰卧变俯卧：宝宝仰卧在床上，成人将手轻轻放在宝宝的两条小腿上，边说儿歌“小腿小腿动一动，小腿小腿搭一搭”，边跟宝宝玩“左腿放在右腿上，右腿放在左腿上”的游戏。

随着动作的加大，宝宝的身体自然就会向一侧扭过去，从而变成俯卧的姿势。

专家解读：翻身扩大了宝宝的视觉范围，让他接收到了外界更多的信息和刺激，促进了空间智能的发展。

2. 俯卧变仰卧：当宝宝俯卧，自然地用手支撑身体，下肢也能抬起来时，成人将小花鼓放到他身体的一侧，边说儿歌边招呼宝宝抬头去看小花鼓，从而自然地从俯卧变成仰卧。

专家解读：翻身是宝宝的动作计划能力的实践，是宝宝在尝试用自己的方法去做从来没有做过的动作。翻身需要身体四肢双侧协调能力的配合，而双侧协调能力是在前庭平衡觉和本体觉发展的过程中逐步提升的。本训练还可促进前庭平衡觉，从而带动身体的感知觉能力的发展。

连续翻身游戏——小咕噜

游戏名称：小咕噜

游戏目的：促进宝宝身体双侧灵活协调，增加腰部力量和手脚力量；锻炼前庭和小脑的平衡功能。

游戏过程：

1. 被动翻：在宝宝精神状态较好的情况下，成人将宝宝仰卧在床上，先跟宝宝脸对脸近距离聊一会儿天，然后跟宝宝顶一会儿额头，再跟宝宝做游戏。成人将宝宝从仰卧变换到侧卧，再变换到俯卧，最后从俯卧变换到仰卧。

可配合儿歌：

咕噜，咕噜，宝宝学咕噜，
脸冲上，咕噜咕噜，
脸冲下，咕噜咕噜，
一边学咕噜，一边哈哈笑，
一边哈哈笑，一边学咕噜。

2. 主动翻：游戏中宝宝要很好地控制头部，较灵活地撑起胳膊，用胳膊支撑整个身体的重量。比如，一只胳膊弯曲，另一只胳膊伸出去，挥动着，调节自身的平衡，同时用头和颈带动躯干来翻身。

专家解读：小脑可以处理本体觉与前庭平衡觉。许多动作，比如身体的移动、控制以及许多精细动作技能等，都是要依靠小脑的。在游戏中，训练翻滚可促进宝宝小脑的发育。在帮助宝宝做出一系列动作的同时，要注意宝宝的安全，保护好正在游戏的宝宝。

视觉辨别能力练习游戏——小白兔吃萝卜

游戏名称：小白兔吃萝卜

游戏目的：促进宝宝头部的控制能力及视觉辨别能力的发展。

游戏过程：

1. 成人在右手食指上套一个小白兔布偶，让它转动身、跳跃，并叫宝宝的名字，看宝宝的视线是否能追踪小白兔。

2. 成人在左手的拇指套上红萝卜布偶，让宝宝看："红色的萝卜、红萝卜。"接着，在左手小指套上绿萝卜，让宝宝看："绿色的萝卜、绿萝卜。"然后，成人对宝宝说："宝宝看看红萝卜在哪里？绿萝卜在哪里？小白兔在哪里？"看看宝宝的视线是否能随着问题相应转移。

3. 成人同时举起左右手，试着让两手的布偶绕圈，看宝宝是否能进行视觉追踪。

4. 成人对宝宝说："小白兔要吃红萝卜，红萝卜在哪里？请你帮助它。"看看宝宝有何反应。

专家解读：视觉辨别能力是在宝宝看东西的时候，大脑将视觉信息与听觉、触觉、移动的感觉连接在一起的能力。如果视觉辨别能力差，在日后的看书、学习、写字或者其他行动中可能会出现许多问题。在社会交往中，视觉辨别能力差可能导致无法正确理解他人的面部表情与手势，从而直接影响社会性交往和自身情绪情感的发展。因此，千万不要忽视宝宝生长发育过程中的每一个细节。

视觉追踪练习游戏——蝴蝶飞

游戏名称：蝴蝶飞

游戏目的：促进宝宝视觉敏感和单眼、双眼的追视能力；训练眼球转动的灵活性。

游戏过程：

1. 关注目标：成人一只手抱着宝宝，另一只手举起手中的蝴蝶玩具，吸引宝宝的注意："宝宝快看，这是一只美丽的蝴蝶，它长了两只翅膀，它最喜欢在花丛中自由自在地飞呀，飞呀。"

可配合儿歌：

蝴蝶蝴蝶，美丽的蝴蝶，
蝴蝶蝴蝶，漂亮的蝴蝶。

2. 双眼视觉追踪：成人慢慢晃动手中的蝴蝶玩具，让它从一边飞到另一边，同时观察宝宝的眼睛是否会随蝴蝶飞的方向，向左边或右边进行追踪。

3. 单眼视觉追踪：成人轻轻用一只手遮住宝宝的一只眼睛，同时观察他的另一只眼睛是否会继续追踪蝴蝶。

专家解读：视觉追踪是指注视与追视物体及符号的能力，是建立在双眼视觉协调的基础上的注视与追视物体及符号的能力。美丽的、不断变化的物体，往往会吸引宝宝的注意力，促进宝宝的视觉敏感，引起视觉追踪。训练刚刚开始时，蝴蝶玩具移动的速度慢一点儿，还可以停留在某一个位置——时间可以久一点儿，以让宝宝习惯用眼睛追着看，有兴趣地看，时间长一点儿地看，细致地看。

视觉—动作能力练习游戏——美丽的布片

游戏名称：美丽的布片

游戏目的：促进视觉动作能力，并积累手眼协调、脚眼协调、耳眼协调的经验。

游戏过程：

1. 成人为宝宝准备一个小玩具箱，里面放上一些不同材质和颜色的布片，比如丝绸、细棉布、粗棉布、尼龙布、灯芯绒、天鹅绒、法兰绒等，然后拿到宝宝跟前，对宝宝说："这是一个玩具箱，里面有许多不同的布片。你看，这是红色的绒布，摸起来厚厚的、绒绒的。来，跟我一起说：这是绒布。"像这样逐一为宝宝介绍布片，同时让宝宝触摸和感知不同质地的布料，认识不同的颜色。

2. 当宝宝能用手大把抓起布片的时候，成人要教他学着做精细动作，如用一只手的拇指和食指对捏起一块布片，同时像这样告诉他："这是一块绿颜色的丝绸，它薄薄的、滑滑的、细细的、软软的……"让宝宝在欣赏布料美丽颜色的同时，去体会布料的触感。

3. 成人对宝宝说："请你把这些美丽的布片都放到玩具箱里。"然后观察宝宝是不是能用眼睛指引精细动作。成人还可以对宝宝说："请你把这些美丽的布片都放在自己脚上。"当五颜六色的布片盖满宝宝小脚的时候，成人问宝宝："咦，宝宝的脚去哪里了？找找自己的脚！把脚抬起来将布片踢到一边去。"如果宝宝听不懂，成人可以帮他做这些事情，但是做的同时要看宝宝的眼睛是不是在追视自己脚上的动作。

专家解读：宝宝视觉—动作能力的训练，包括手眼协调、脚眼协调及耳眼协调训练。手眼协调是眼睛指引精细动作的能力。脚眼协调是眼睛指引粗大动作的能力。耳眼协调是听力与视觉的结合，对文字的书写和阅读非常关键。这些训练直接关系宝宝今后的学习成绩、运动效果甚至生活质量。

被动爬行练习——加油向前爬

游戏名称：加油向前爬

游戏目的：促进脑神经系统的发育和体能的发展，为爬行做准备；激发宝宝产生爬行的愿望。

游戏过程：

成人让宝宝俯卧在床上，帮宝宝用双手撑住身体，然后用手掌顶住宝宝的脚底板，对宝宝说："宝宝蹬蹬腿，试着往前爬！"通常，宝宝这时会自动地蹬住成人的手向前爬。

如果宝宝还不会用手使劲，整个身子也不能抬高以离开床面，成人可以从旁边扶住宝宝的身体，甚至可以用一点点力量，帮助他前进。

可配合儿歌：

宝宝爬，宝宝爬，
俯卧床上准备爬。
宝宝爬，宝宝爬，
双手撑住向前爬。
宝宝爬，宝宝爬，

两脚用力蹬着爬。
宝宝爬，宝宝爬，
宝宝加油向前爬。

专家解读：

爬行是宝宝视觉、位置与本体觉统一运动发展的结果。同时，爬行也是坐与走两大动作发育进程中一个不可缺少的中间环节。如忽视爬行训练，直接从坐进入走，可能会影响宝宝脑的发育和智力的发展。所以，指导者要多与宝宝做爬行游戏，千万不要忽视爬行，否则不仅会影响宝宝身体平衡与协调性的发展，而且还将影响智能发展。

半被动爬行练习——手脚使劲爬

游戏名称：手脚使劲爬

游戏目的：促进头部及视觉的稳定；在成人的帮助下，学习手和脚协调用力，匍匐前进。

游戏过程：

1. 当宝宝习惯用双手撑住身体俯卧的时候，成人可以鼓励他用手和脚协调用力，匍匐前进。

可配合儿歌：

宝宝宝宝练习爬，
趴着抬头向前爬，
使劲蹬着妈妈的手，
爬呀爬呀用力爬，

手向前，脚蹬地，

手脚用力向前爬。

2. 当宝宝能较灵活地翻身和俯卧时，成人可以适时地在他前面放一个新奇的玩具，引逗他努力向前伸手去拿、去够。这时，成人可以抓住时机帮助宝宝练习爬行，如把手放在他的脚下，给他一点帮助。

专家解读：当宝宝的头颈部可以竖直，并且可以保持稳定的时候，要在动作能力训练时关注宝宝的头部和视觉的稳定。成人可以在地板上铺上软垫，为宝宝营造安全的爬行环境。在半被动爬行练习中，成人不要再从旁边帮助，只需要适时扶住他的身体，给他一种安全感就可以了。

膝手爬游戏——追熊猫

游戏名称：追熊猫

游戏目的：学习主动爬行，促进膝手爬行能力。

游戏过程：

成人在宝宝情绪状态良好的情况下，去掉尿不湿，让宝宝翻身跪好，同时将一个会爬的电动熊猫放在宝宝前面，然后对宝宝说：“宝宝，你看这熊猫多可爱！快爬过去向它问个好吧！”

成人可边用语言指导，边说儿歌，激发宝宝产生向前爬去追熊猫的意愿。

可配合儿歌：

熊猫走路摇啊摇，
找到竹子咬啊咬。
宝宝膝手一起爬，
像只熊猫扭着走。

专家解读：爬行是宝宝的成长过程。在这个训练中，宝宝经历了支撑手从左手换到右手，支撑脚从左脚换到右脚的过程。宝宝在爬的过程中，同时用到左右脑，因而会刺激他们左右两侧以及上下肢动作的协调。成人为调动宝宝参与爬行游戏的积极性，可多用一些积极的办法，以让宝宝觉得爬行是一件非常有趣的事情。当有的宝宝因为体重原因，手臂撑不住身体，放弃爬行的时候，成人要鼓励他坚持下去。

手膝爬游戏——抓兔子

游戏名称：抓兔子

游戏目的：激发宝宝主动爬行的意愿，促进手膝交替配合向前爬的能力。

游戏过程：

成人把一个毛绒兔子玩具放在宝宝面前，帮宝宝俯卧好，然后轻轻地把手伸到宝宝的胸部和腹部向上抬一抬、拍一拍，让他做好准备爬行的姿势。成人以同样的姿势，趴在宝宝侧面。

接着，成人对宝宝说："我们去抓前面的小兔子吧。"说完便用膝盖

和手一起向前爬，爬两下之后，回过头，鼓励宝宝："快点来追我。"

可配合儿歌：

爬呀爬，爬呀爬，
宝宝去把兔子抓。
爬呀爬，爬呀爬，
一只兔子抓到啦！

专家解读：爬行极大地促进了宝宝的触觉、前庭平衡觉、本体觉的发展。当宝宝会爬了，他就会像停不下来一样四处爬。这时，除了爬行姿势的训练，安全是很重要的。在宝宝可能触碰到的地方，要做好防护工作，比如家具的尖锐之处要套上防护条、防护角。同时，地面软硬要适中，不要太滑，防止宝宝摔倒受伤。

全方面爬行游戏——四面八方爬呀爬

游戏名称：四面八方爬呀爬

游戏目的：训练上下肢协调能力及爬行能力。

游戏过程：

成人爬着和宝宝做游戏。

当成人爬到宝宝前面时，跟他说："宝宝，宝宝，快向前爬，快快来追我。"

当成人爬到宝宝的右面，跟他说："宝宝，宝宝，快横着爬，快快来找我。"

当成人爬到宝宝的后面，跟他说："宝宝，宝宝，退两步，快快退着爬来找我。"

成人在做这些动作的过程中，要逗引宝宝模仿成人做相应的向前爬、横着爬、退着爬的动作。

可配合儿歌：

小乌龟，向前爬，
小螃蟹，横着爬，
小宝宝，退着爬，
像个蜗牛退回家。

专家解读：上下肢的协调配合，两腿与双臂的相互配合，是宝宝练习爬行的难点。成人的参与，使得练习增加了趣味性。榜样的动作，历来是孩子乐意学习模仿的。成人在游戏中不仅教会了宝宝爬行的方法，同时让宝宝切身感受到了成人与宝宝之间的空间方位。看来，成人掌握的练习方法应该尽可能多一些。

爬着转圈的练习——毛毛虫

游戏名称： 毛毛虫

游戏目的： 学习花样爬行，加强大脑对四肢的指挥能力。

游戏过程：

成人为宝宝戴上护膝和护腕，将宝宝放到地毯或者地板上，然后用毛绒玩具毛毛虫逗引宝宝爬着转圈。在训练过程中，成人要多关注宝宝手和脚的相互配合。

成人也可以边说儿歌，边做转圈爬的动作，给宝宝做示范。

可配合儿歌：

毛毛虫，扭一扭，
毛毛虫，动一动，
扭一扭，转一圈，
动一动，转一圈。

专家解读： 本训练拓展了宝宝与外界的互动，促进和提升了宝宝对于活动程度的调节能力。爬行刺激了大脑的一些区域，对宝宝将来的阅读、数学和书写等能力的发展非常重要。宝宝的花样爬行训练，更是加强了大脑对四肢的指挥能力。同时，成人语言的指导对宝宝的反应能力又起到了强化作用。

直立练习游戏——泥娃娃

游戏名称：泥娃娃

游戏目的：促进宝宝四肢与躯干之间的协调和控制能力，为将来站立做准备。

游戏过程：

成人把宝宝呈站立姿势放在较平坦的地方，双手放在宝宝腋下，然后双手突然离开，拍一下手，再迅速把手放在宝宝腋下。可以反复练习，并且逐渐延长宝宝直立的时间。

可配合儿歌：

宝宝宝宝，站——站，
不摇不晃，练——练。

成人也可以坐在地板或地垫上，与宝宝面对面，用双手将宝宝架好，说完儿歌后，双手离开宝宝一两秒，然后再快速扶住宝宝。

成人还可以配合下面的儿歌，帮助宝宝做相应的动作。

小宝宝，站好啦，
手不动，哇哇哇，
脚不动，哇哇哇，
好像一个泥娃娃。

专家解读：宝宝进行直立练习是在为将来站立做准备。宝宝在直立练习中将得到很多新的尝试。宝宝的站立需要全身骨骼的支撑，需要四肢与躯干的平衡，更需要力量和勇气。直立训练主要是身体平衡与协调性的训练。训练时，让宝宝穿上硬底鞋，做好安全保护，更重要的是，要让孩子兴高采烈地练习。有的宝宝对直立怀有恐惧心理，这时身体训

练与心理保育要同步进行。同时，成人要注意让宝宝及时休息，防止长时间的直立导致骨骼变形。

站立练习游戏——站一站、坐下去

游戏名称：站一站、坐下去

游戏目的：学习站立，感受自主动作引起的视觉角度的变化。

游戏过程：

成人将两只手的食指递给宝宝，让宝宝握紧，同时告诉宝宝：“宝宝，使劲抓住我的手，我们站起来！”然后给他一些力，慢慢拉他站起来。等宝宝借着成人的双手站稳了，再让宝宝慢慢坐回去。

也可以伴随儿歌练，让宝宝感受抓着成人的手站起来、坐下去的乐趣。

站起来时，宝宝和成人手拉手，大手拉着小手，稳稳地站一站。

可配合儿歌：

站一站，练一练，
练一练，学着站。

坐下去时，宝宝攥紧成人的手，慢慢弯腿坐下去。

可配合儿歌：

坐下去，来休息，
站起坐下练身体。

专家解读：让宝宝感受自主动作引起的视觉角度的变化，这种训练很重要！训练中，宝宝学习到了四肢与躯干的骨骼与肌肉的相互配合、一致行动，促进了将来的自主站立。成人在练习中要关注宝宝是否全力攥住了成人的食指。宝宝身后最好放一个厚厚的垫子，以防宝宝后仰摔倒受伤。

扶物站立游戏——宝宝站站站

游戏名称：宝宝站站站

游戏目的：依靠稳定、安全的支撑点进行肢体运动训练，让宝宝练习运用腰、腿部肌肉的力量站稳。

游戏过程：

1. 借力站起来：成人和宝宝面对面坐在游戏毯上，把双手递给宝宝，让宝宝自己选择是抓住成人的手指、手掌，还是手腕的部位，以借力站起来。成人要随时帮助宝宝调整膝盖的伸与屈，帮助宝宝做控制脚底、脚跟的重心和力量的动作，直至宝宝站起来。

可配合儿歌：

一双大手暖暖的，
一双小手放上边，
小手大手握一起，
宝宝放心学站立。

2. 扶着椅子站起来：成人坐在小椅子边上，指着椅子对宝宝说："宝宝，你能够用手扶住椅子自己站起来吗？"开始时，成人可以帮助宝宝选择用双手抓住小椅子，并鼓励宝宝反复练习。然后，成人可以对宝宝说："站起来，站起来，抓住小椅子，自己站起来。"同时帮助宝宝用手牢牢抓住小椅子，并帮助他伸屈膝盖，以让他慢慢站起来。

3. 爬一爬，站一站：成人对宝宝说："在屋里爬吧！可以爬到桌子边，扶着桌子站起来！也可以爬到沙发那里，扶着沙发站起来。"然后让宝宝满屋爬，当他想站起来时，让他用手牢牢抓住家具，依靠自己脚跟和腰部的肌肉力量，慢慢将身体重心移到脚底，伸屈膝盖，慢慢站起来。

可配合儿歌：

宝宝爬呀爬，
满屋转一转；
爬到沙发前，
站起练一练；

爬到桌子前，
站起练一练；
爬到柜子前，
站起练一练。

专家解读：让宝宝借用腰、腿部肌肉的力量站稳的训练可以有许多支撑点，但是支撑点一定要稳固，以利于宝宝伸手去抓且能抓住。在站立的一瞬间，宝宝的两手要紧紧抓住支撑点，两臂要使劲，要有带动身体的力量，而宝宝的两腿要稍稍分开，下肢要有稳定、平衡的技巧。总之，宝宝能站起来是通过多种器官的协同活动实现的。需要注意的是，训练前要用防护角和防护条将家具的边角包上，防止宝宝训练中发生意外。

身体协调性锻炼——抓白兔

游戏名称：抓白兔

游戏目的：促进四肢协调，提升本体觉和平衡能力。

游戏过程：

1. 让宝宝感受抓着小床栏杆站起来并且尝试着向两边迈步的趣味。成人在练习中要关注宝宝是否牢牢抓住了栏杆。

2. 成人举起毛绒玩具小白兔，对宝宝说：“这里有只小白兔，宝宝快来抓。”成人可以用小白兔轻轻地在宝宝的额头或身上其他地方碰触几下，以激发宝宝去抓小白兔的意向。然后，成人把小白兔放在宝宝只要稍稍努力就可以够到的地方，并慢慢逗引宝宝走向目标。

3. 成人也可以将一只小白兔直接递给宝宝，鼓励宝宝一手抓栏杆，一手接兔子。

专家解读：成人在帮助宝宝控制自身平衡的过程中，要积极鼓励宝宝自如地站立，等宝宝稳住身体后，再让宝宝大胆地尝试迈步。在游戏中，成人如果双手扶着宝宝，可以在安全的情况下，有意识地悄悄松开一只手，让宝宝不自觉地把自身重量移到成人另一只手上。成人这时要观察宝宝，看看面对这种突然的变化，宝宝是否能够快速调整姿势，保持自己身体的平衡。

站立练习游戏——母鸭带小鸭

游戏名称：母鸭带小鸭

游戏目的：帮助宝宝学习站立，促进肢体协调。

游戏过程：

1. 成人对宝宝说："我是鸭妈妈，你是鸭妈妈的宝宝——小鸭子。我们来做游戏。"然后，"鸭妈妈"带着"小鸭子"在屋子里来回爬，爬一会儿后，直起身来，摆弄摆弄双臂，就像鸭子在游泳。

2. 准备一根约 50 厘米长的木棍，棍的一端贴着一面小旗，小旗上面有一只小鸭子。成人两只手分别抓住木棍的两端，让宝宝双手抓住棍子的中间部位，鼓励宝宝抓住木棍站起来，然后让他将木棍立起来，把旗子举起来。这时，成人一边悄悄地将木棍松开，一边从身后扶住宝宝，给他一点支撑，让宝宝练习单独站立。

可配合儿歌：

抓住小旗杆，
宝宝站起来。
竖起小旗杆，
小旗飘起来。
母鸭带小鸭，
宝宝学会站。

专家解读：宝宝身体协调的一个特征就是越来越能够掌握身体平衡而站稳。但是宝宝身体平衡的发展水平是不一样的：有的会反应过度，产生害怕的感觉；有的完全不会注意到自己身体的倾斜；还有的会不停地摇摆，总是站不住。所以，对宝宝进行平衡站立训练时，要考虑他的年龄特点和接受水平，要循序渐进，慢慢来，不可急于求成。

自主站立游戏——滚筒游戏

游戏名称：滚筒游戏

游戏目的：强化本体觉、深度觉，促进平衡能力的发展。

游戏过程：

1. 扶着滚筒站立：成人将一个小滚筒直立起来，将宝宝放到滚筒旁边，让宝宝扶着滚筒站一站、摸一摸、玩一玩。

2. 站着滚滚筒：成人将滚筒平放，控制好滚筒滚的方向和速度，鼓励宝宝轻轻地推滚筒。

3. 站在滚筒上：成人将滚筒直立，然后将宝宝放到滚筒上面，一定要让宝宝两腿分开，以在滚筒上站稳。站立持续时间以宝宝的感觉为主，几秒到十几秒都可以。

专家解读：利用感统器材训练宝宝站立，使得站立的难度又增大了，本体觉和深度觉得到了强化；同时，全身所有部位都被动员起来，参与了平衡的训练。成人要不断用语言鼓励宝宝："宝宝真勇敢，站得这么高！宝宝胆子真大！"更重要的是，成人始终要以高昂、快乐的情绪带动宝宝，为宝宝的训练加油、鼓劲。

手眼协调练习游戏——小鸟与鸟窝

游戏名称：小鸟与鸟窝

游戏目的：练习手的准确抓握的能力，促进手眼协调。

游戏过程：

1. 成人手里捧着一个玩具鸟窝，里面放着几个塑料鸟蛋，亲切地对宝宝说："鸟妈妈生了几个蛋，趁着鸟妈妈去找吃的东西，我们来看一看鸟妈妈生的蛋。请宝宝把鸟蛋放到我手里。"每当宝宝从鸟窝里拿出一个蛋，成人赶紧用手接过来，用嘴亲一下，说一声："小鸟蛋，我爱你。"

2. 成人对宝宝说："过了几天，小鸟从蛋壳里飞了出来。"边说边像变魔术似的从鸟窝里拿起小鸟，并示范小鸟在空中飞来飞去。成人说到"飞回去"时，让小鸟"飞"回鸟窝。接下来，成人和宝宝各持一只小鸟，一起比画小鸟在空中飞来飞去。当成人说"飞回去"时，成人和宝宝都按照指令让自己手里的小鸟"飞"到鸟窝。

专家解读：手部动作的发展是精细动作的基本条件。桡侧手指抓握（拇指、食指、中指抓握）是手部动作发展的第二阶段。

3. 小鸟在鸟窝里，成人说“拿出来”，然后和宝宝一起伸手从鸟窝里各拿出一只小鸟。带领宝宝练习几次后，成人不再用动作带领，只是嘴里发出动作指令，让宝宝自己去做。

专家解读：宝宝的精细动作技能是良好的手眼协调的必要条件。在训练中，成人要关注宝宝是否将耳朵、眼睛以及手臂和小手的动作都逐渐集中到了手里正在做的事情上。这种训练有助于宝宝将来灵活地翻书、绘画、写字、使用餐具、搭积木等。

手部动作准确性练习游戏——贴红点

游戏名称：贴红点

游戏目的：促进本体觉发展，认识自己的身体部位；训练手部运动的准确性。

游戏过程：

1. 成人抱着宝宝坐在一面大镜子前，对宝宝说：“宝宝是不是又长大了一些呢？你看看，我手里拿着一张红点贴纸，宝宝能把这个红点贴在自己的额头上吗？”成人说完后帮助宝宝把红点贴在自己的额头上。接着，成人拿起另一张红点贴纸，对宝宝说：“宝宝你看，这个红点如果贴在肩上应该怎么贴呢？”如此这般，直到成人与宝宝共同合作，将红点分别贴在宝宝头上、肩上、脸上、腿上……成人边贴边反复强调所贴的身体部位的名称。

2. 成人将宝宝抱在怀里，与宝宝面对面，对宝宝说："宝宝能帮助我把红点贴在我身上吗？"说完后将红点交到宝宝手里，并跟宝宝说："请把红点贴在我的额头上。"随后观察宝宝是不是在别人的身上也能够认出身体各部位。

专家解读：手部动作的准确性和视觉运动的良好发展密不可分。

拇指食指捏取练习——两个好兄弟

游戏名称：两个好兄弟

游戏目的：提高宝宝手部肌肉的灵活性，练习捏与抓，发展精细动作。

游戏过程：

1. 认识手指：成人把宝宝抱在怀里，将宝宝的小手放在自己的大手里。然后，成人用轻柔的语气告诉宝宝哪个是大拇指，哪个是食指，哪个是中指，哪个是无名指，哪个是小指。

2. 拇指食指对捏：将准备好的水果卡片放在宝宝面前，跟宝宝说："请你用大拇指和食指把苹果卡片捏起来。"然后让宝宝尝试捏的动作。当宝宝用拇指和食指成功捏起卡片之后，成人要给宝宝鼓掌。

可配合儿歌：

大拇哥，二拇弟，
拇指食指做游戏，
捏东西，拿玩具，

宝宝越练越有趣。

3. 实物对照：成人为宝宝洗干净手，请宝宝从果盘里拿出半个苹果。成人用小勺刮苹果泥喂宝宝，每喂一口苹果泥，对宝宝说一句："宝宝吃的是苹果，苹果真甜啊！宝宝，你再用拇指和食指把苹果的卡片拿过来看一看，卡片上的苹果和你吃的这个苹果长得一样吗？"

专家解读：手是宝宝认识事物的重要器官。宝宝手部动作的发展主要是精细动作的发展。此时的宝宝已经会经常伸开手，手指可以伸直了，能够做一些抓握动作了。在手指游戏中，成人要帮助宝宝逐步进行五指的动作分化，这对提高宝宝手部肌肉的灵活性，发展精细动作，可起到很大的促进作用。

向前扔的动作练习——小猫爱吃鱼

游戏名称：小猫爱吃鱼

游戏目的：加强上肢运动，预防手眼不协调的情况发生。

游戏过程：

1. 成人拿出一条玩具小鱼，对宝宝说："宝宝，你看这是一条小鱼，小鱼的身体里放了一些豆子。请你拿在手里捏一捏、掂一掂、玩一玩，好好感受一下。"之后边说儿歌，边和宝宝一起做掂、捏、放下玩具鱼的动作。

可配合儿歌：

圆圆扁扁豆袋鱼，

拿到手里掂一掂。

两个手指捏一捏，

想想谁爱吃小鱼。

2. 成人把毛绒玩具小猫抱到宝宝跟前，对宝宝说："我一叫小猫，你就鼓掌，跟它打个招呼好不好？"随后，成人边喊小猫的名字，边把小猫举起来，让宝宝看清楚小猫的样子。宝宝这时会通过鼓掌示意自己已经认识了小猫。

3. 成人把小猫玩具放到离宝宝一米远的地方，对宝宝说："你的动物朋友小猫饿了，我们现在拿小鱼去喂它好不好？"

4. 成人用一只手拿着小鱼，对宝宝说："宝宝，你看我现在就用小鱼喂小猫。宝宝也来试一试吧！"然后，成人逗引宝宝抓住小鱼，并努力向前扔出去。

专家解读：宝宝在做上肢动作训练时，要大把抓住小鱼，如果宝宝只是用手指捏取，就扔不了多远。还有，成人要关注宝宝在将小鱼扔出时会不会看着目标。要提醒宝宝，眼睛要看着小猫，把小鱼喂给小猫，这样才能最大程度预防手眼不协调的情况发生。

触觉练习游戏——和按摩球一起玩

游戏名称：和按摩球一起玩

游戏目的：促进身体感知能力的发展；通过抓与放的手部训练，刺激宝宝手部感知觉的发展。

游戏过程：

1. 成人将几个感统器材——触觉按摩球放到宝宝面前，拿起一个对宝宝说："宝宝，这个软软的小球上面有许多小小的颗粒，我们现在把它放到手里抓一抓、松一松，哈哈！好痒啊！宝宝快来试一试吧！"接着，成人边说儿歌，边和宝宝玩按摩球。

可配合儿歌：

按摩球，软软的，
抓手中，放掌心，
使劲压压变圆饼；
按摩球，圆圆的，
宝宝用脚蹬一蹬，
用脚踢球真有趣，

骨碌骨碌爬上山（从宝宝手部一直滚压到宝宝肩部），

骨碌骨碌滚下去（做相反动作）。

2. 成人把按摩球放到宝宝的手上，让宝宝用两只手攥住它。通过手臂、手腕、手掌、手指的动作，让宝宝感知，他使的力气越大，按摩球上的小颗粒就越扎手。

专家解读：宝宝喜欢东摸摸、西碰碰，渴望触摸更多的东西，有些东西给他以舒服的感觉，有的则会使他感觉不舒服。在宝宝使用按摩球训练精细动作抓住与松手的过程中，最直接的感受便是一个个颗粒对触觉的刺激。经常给宝宝玩颗粒按摩球，从某种程度上甚至可以预防皮肤的过度敏感。

手部精细动作训练——接住、放下和传递

游戏名称：接住、放下和传递

游戏目的：促进动作计划能力，发展手眼协调能力，训练小肌肉群的控制能力，发展口腔运动机能。

游戏过程：

1. 接住、放下：成人让宝宝舒服地坐在高椅上，递给他一些小块食物，让他接过去并放在自己的托盘里。

2. 拾起、放下：首先，成人演示怎样把东西拾起来，再放下，以及拾起来放到另一只手里。然后，成人伸出自己的手，把手张开，对宝宝说："请你给我……"

3. 准确送递：成人鼓励宝宝拾起一块食物放进成人手里。宝宝

对小块的新鲜水果和蔬菜十分感兴趣，拾起它们能让宝宝的手更为灵活。

专家解读：帮宝宝进行精细动作训练，目的在于提高手腕及手指小肌肉群的活动能力。宝宝越能主动地去碰触身边的物体，他的动作计划能力越能更好地发展，运动技能也就更为熟练。

有选择地抓的游戏——给小鱼喂食物

游戏名称：给小鱼喂食物

游戏目的：训练手眼协调能力，促进精细动作发展。

游戏过程：

1. 当宝宝可以很舒服地坐在高椅上的时候，成人可以给他一些小块食物让他拾起来。宝宝对小块食物十分感兴趣，拾起它们能使宝宝的手更为灵活。

2. 成人将玩具摆放在某处，吸引宝宝爬过去拿玩具小虾喂给玩具小鱼吃。音乐开始时，宝宝开始爬行；音乐停止时，成人观察宝宝是不是把小虾喂给小鱼了。

3. 在音乐的伴奏下，成人让宝宝在一堆玩具中抓玩具小鱼，并且把抓到的小鱼放到小桶里。当音乐停止后，成人看宝宝一共抓到了几条小鱼，和他一起数一数。

专家解读：宝宝有选择性地抓，并不是一个单一的动作，当视觉、听觉、触觉与手指操作和手眼协调结合起来，既发展了宝宝的精细动作，又促进了手眼的协调、听力与动作的协调、触觉与运动的协调。

认知及上肢力量训练——搭套碗

游戏名称：搭套碗

游戏目的：颜色、大小认知练习；发展手指、手掌和手腕的力量，促进手眼协调的能力。

游戏过程：

1. 成人和宝宝面对面在桌前坐好，对宝宝说：“请你看看，我拿的是什么？”说完，在宝宝面前拿出一套套碗，并从里面拿出一个又一个颜色不同的碗，同时说出碗的颜色，每次不超过3种颜色。

2. 当3种颜色的套碗都摆放在宝宝面前时，成人说出一种颜色，并鼓励宝宝和自己一起找出相应颜色的套碗。如果宝宝用眼神或用小手找出对的套碗，成人应及时给予鼓励，亲吻一下宝宝。

3. 成人引导宝宝逐一触摸套碗，让宝宝感知手感滑滑的套碗。成人和宝宝一起一层一层搭套碗，一边搭一边说出不同套碗的颜色。

专家解读：将不同大小的套碗按照从小到大或者从大到小的规律摆放，或者按照下面大、上面小的规律进行搭建，或者让宝宝用手拿着两个套碗比较大小，是很好的认知训练及上肢力量训练。

1～2岁运动游戏

手足配合的钻爬训练——小猫钻圈圈

游戏名称：小猫钻圈圈

游戏目的：训练宝宝的钻爬动作；促进宝宝调整身体姿势，控制身体动作的能力。

游戏过程：

1. 成人将呼啦圈放在身体侧面，固定好，让宝宝学小猫“喵喵”叫着从圈里钻过去。

可配合儿歌：

小猫小猫真淘气，
看到圈儿钻过去，
钻过头，钻过脚，
锻炼身体做游戏。

2. 成人平躺在地板上扮作小山，将呼啦圈立在自己身体的一侧，

让宝宝扮作小猫爬过自己的身体，再去钻圈。

可配合儿歌：

小猫小猫真淘气，
爬过小山钻圈去，
钻过头，钻过脚，
锻炼身体做游戏。

专家解读：游戏中，宝宝的双手和膝盖承受着全身的重量，宝宝相当于在进行负重练习。钻圈和过障碍加大了爬行的难度。爬行对于宝宝的头颈、四肢、视觉等发育起着不可估量的作用，因此一定要鼓励宝宝多爬，并且要用多种姿势爬、钻。这种强化训练，可帮助宝宝协调身体，同时增强自信和自我意识，从而有助于健康的感觉统合。

拉双手走的游戏——孙悟空的金箍棒

游戏名称：孙悟空的金箍棒

游戏目的：促进手臂力量发展及四肢协调；增强宝宝的自信心，树立“我能行！我要自己走”的意识。

游戏过程：

1. 成人与宝宝面对面，让宝宝放心地用双手紧紧抓住成人双手，然后边向后退，边领着宝宝向前走。

可配合儿歌：

妈妈宝宝手拉手，
一起抬脚一起走；
走啊走，走啊走，
走到终点拍拍手。

2. 成人帮助宝宝戴上孙悟空的头饰，并将宝宝带到大镜子前面，让宝宝观察孙悟空的头饰。接着，成人拿出“孙悟空的金箍棒”——一根木棍，跟宝宝说：“我们一起来做个游戏。”说完，请宝宝抓住“金箍棒”的另一头，成人在前，宝宝在后，面向同一方向，一起向前走。

可配合儿歌：

孙悟空，真能干，
金箍棒，手里攥。
走一走，练一练，
走啊走啊到终点。

专家解读：宝宝刚学会走路时需要很多时间来练习这个新的技能，一定要给宝宝提供多种场地练习，比如地毯上、瓷砖上、泥土上、草地上、人行道或者树林中的小路等。但是，不要让孩子在容易滑倒的地上走，不要给他们穿容易滑倒的鞋子。如果旁边有固定的东西，如扶手等，可让宝宝随时抓握，以保持平衡。

拉一只手走的游戏——五彩路、五色花

游戏名称：五彩路、五色花

游戏目的：训练宝宝独自行走的能力。

游戏过程：

1. 成人指着前面放好的小花篮，对宝宝说："我们去看看花篮里都有哪些花。"然后与宝宝并排弯下腰，并将自己的一只手递到宝宝手里，牵着宝宝的一只手向花篮走过去。

可配合儿歌：

妈妈一只手，宝宝一只手；
两手拉一起，一齐向前走。
两手握好啦，一齐转圈走；
两手攥好啦，一齐绕着花篮走。

2. 成人将五色粗毛线横铺在"小路"上——线与线之间的距离正好相当于宝宝一步远的距离——铺成一条五彩路，然后帮宝宝把脚落在两条毛线中间，牵着宝宝的一只手，脚不踩线地向前走。

可配合儿歌：

五彩路，五条线，
宝宝一步迈一线，

看好了，走稳了，

注意不让脚踩线。

专家解读：发展到一定阶段，宝宝很愿意抓住成人的手，两只脚交替迈步，小心翼翼地向前走。这时，成人要给他一些信心和鼓励，让他放心大胆地迈开步子。其实，学走路的孩子都避免不了摔倒，而摔倒的过程有利于宝宝建立对于身体的意识，有利于建立空间感，还能锻炼宝宝的毅力。

手眼配合训练——穿珠子

游戏名称：穿珠子

游戏目的：训练宝宝的观察模仿能力；训练宝宝的手眼配合能力。

游戏过程：

1. 成人与宝宝面对面坐在地毯上，然后给宝宝示范穿珠子的动作：用拇指和食指一起将珠子捏起来，捏的时候注意将珠子上下两个孔的位置留出来，并让宝宝看一看珠子的孔在哪里。

可配合儿歌：

大珠珠，小珠珠，
红珠珠，绿珠珠，
宝宝用手捏珠珠。

2. 成人递给宝宝一些彩线，让宝宝选出一条自己最喜欢的。然后让宝宝一手捏线，一手捏珠，试着将彩线从珠子的孔里穿过去。

可配合儿歌：

一手捏彩珠，

一手捏彩线；

彩线穿彩珠，

试着练一练。

3. 成人做示范给宝宝看：左手拿珠子，右手拿着彩线的一端，把彩线从珠子的孔中穿过去，珠子就穿在了彩线上。

成人可以将穿好的一串珠子当作项链挂在宝宝的脖子上，或者当作手链戴在宝宝的手腕上。

可配合儿歌：

一手拿着彩线穿，

一手拿着珠子看，

线从珠中穿过去，

项链手链都会穿。

专家解读：穿珠子的游戏可促进手的精细动作和手眼协调能力的发展。15月龄的宝宝尚不能独立穿珠子，但成人可以示范穿珠子的动作，让宝宝观察模仿。穿珠子游戏凭借线和珠子将感觉、知觉和动作行为联结在一起，是一个可以经常让宝宝练习的游戏。

视知觉及精细动作训练——找玩具

游戏名称：找玩具

游戏目的：训练手眼协调的能力，促进精细动作的发展。

游戏过程：

成人把收集到的宝宝喜欢的玩具，分别和不同颜色的绳子系在一起，并留出足够长的一段绳子，然后让宝宝顺着绳子的这一头找到那一头拴着的玩具。

比如，红色的绳子拴着小瓶子，绿色的绳子拴着一条毛绒玩具毛毛虫，黄色的绳子拴着一只小猴子……成人可以一边说儿歌，一边引导宝宝顺着绳子找玩具。

可配合儿歌：

玩具中间有根线，
不同玩具两边拴，
顺着彩线看一看，
什么玩具拴上边。

成人可以对宝宝说："请你把红色的绳子拉过来，看一看上边拴的是什么。"然后，引逗宝宝进行手臂的拉拽动作，让宝宝感受玩具从远到近的过程。

成人还可以这样说："如果请你把小猴子拉过来，你要拉哪条绳呢？"

当宝宝可以正确地按照成人的要求拉拽绳子的时候，就让宝宝拉着这些玩具玩。

专家解读：有的宝宝想用双手做自己想做的事情却做不到，这对宝宝来说是残酷而痛苦的。成人不要因为宝宝年龄小就阻止他，而是要给他创造条件，让他多动手、肯于动手、乐于动手，养成动手的好习惯，这样才能玩出智慧，玩出习惯。

触觉及手眼配合训练——玩面团

游戏名称：玩面团

游戏目的：通过外部刺激，促进宝宝感知觉的发展；练习捏、揉、搓、按压等手部动作，提高手眼配合的能力。

游戏过程：

1. 揉面团：成人抱着宝宝坐在桌子边，给他一个小盘子，里面放上一个宝宝拳头大小的白色面团，并告诉宝宝："这是面团。你先用手揉一揉、捏一捏、杵一杵，看看是什么感觉？"

2. 搓面团：让宝宝把面团放在手心里，两手相对使劲搓，把面团从圆球状搓成长条状。

3. 做点心：成人将红、黄、蓝三色面团提供给宝宝，让宝宝根据自己的喜好选一个，接着做揉、压、拍等动作。然后让宝宝观察，一个圆圆的面团在他的手里慢慢变成不同的形状。

可配合儿歌：

圆圆小面团，
软软小面团，
揉揉就变圆，
拍拍就变扁，
杵杵杵出坑，
像块小饼干。

专家解读：每个宝宝都喜欢玩面团、泥巴。玩面团看似简单，却通过宝宝双手一致的捏、揉、搓及按压动作，训练了宝宝手眼配合的能力，同时让宝宝初步感受到了物体的守恒：一个面团可以从圆圆的变成长长的，甚至变成扁扁的。这样玩的过程大大丰富了宝宝的生活体验。

触觉及精细动作训练——一起来做小甜饼

游戏名称：一起来做小甜饼

游戏目的：促进手眼协调；训练手指小肌肉群、手腕和手臂的活动能力；促进触觉刺激。

游戏过程：

1. 认识白色的食物：成人对宝宝说："今天，我们来做小甜饼。"

成人端过一个小面盆，告诉宝宝："盆里白白的、细细的是面粉。我们再往里面放一些白糖，白白的、细细的、甜甜的糖。"

2. 和面：给宝宝两只筷子，让他攥住或者握住。成人往面盆里加水，让宝宝不停地用筷子搅动面粉，训练宝宝的握力和小臂的力量。

3. 揉面：当面粉成为一个大面团的时候，让宝宝也参与进来一起揉面团，感受面团的柔软。

4. 揉小圆球：成人将大面团分成一个个小小的面团，给宝宝一个，让宝宝来揉，让宝宝感受小面团在手中慢慢变圆的过程。

5. 压压扁、拍小饼：请宝宝尝试着用两只手把手中的小面团压扁，然后再放到面板上用手掌压成小面饼，接着用手指在小面饼上杵出很多小洞。

6. 摆放葡萄干：递给宝宝一把葡萄干，让宝宝把葡萄干放入刚刚在面饼上杵出的一个个小洞里。

7. 烤面饼：成人和宝宝一起把小面饼放入烤箱里烤或放到蒸锅里蒸。等小面饼熟了之后，和宝宝一起回忆制作小面饼的过程，分享小面饼的美味。

专家解读：宝宝每天都有很多机会来感受触觉刺激，而手指的动作会强化末梢神经的敏感度。做小面饼就是触觉功能训练的游戏，它可以帮助宝宝建立更细层次的本体感。同时，成人要多观察宝宝的表现，以确定宝宝是否存在触觉过度敏感或触觉过度迟钝的现象。

跑和踢的游戏——小足球队员

游戏名称：小足球队员

游戏目的：强化前庭觉、中枢脊髓神经；引导宝宝练习正确的踢球动作，促进宝宝腿部肌肉的力量。

游戏过程：

1. 成人递给宝宝一个球，让他使劲向前扔出去，随后再追着滚动的球跑，直到把球捡起、抱回来。

可配合儿歌：

宝宝双手抱住球，
用力向前扔皮球，

大球滚呀滚向前，

宝宝追呀追后边。

2. 成人把球放在宝宝脚下，让宝宝抬起一只脚踢球，然后去追球，直到用脚将球踢进事先准备好的球门里。

可配合儿歌：

小足球，圆又圆，

宝宝做个小队员，

对准球，使劲踢，

把球踢进门里边。

专家解读：在踢球游戏中，宝宝需要通过单脚站立来调节身体平衡。在追跑及运球的过程中，宝宝的视觉、肌肉和平衡能力都得到了锻炼。同时，在你来我往的过程中，宝宝慢慢地学会了与成人一起踢，发展了协同合作的能力。成人也可以将两腿分开，假装球门，让宝宝将足球踢入。

追跑游戏——小猫捉鱼

游戏名称：小猫捉鱼

游戏目的：练习追跑的动作，发展下肢动作的灵活性。

游戏过程：

1. 在安全的条件下，成人和宝宝练习追跑，玩游戏。

可配合儿歌：

鱼妈妈，鱼娃娃，

水里游，笑哈哈。
鱼妈妈，前面游，
后面跟着鱼娃娃。
鱼娃娃，伸出手，
把妈妈尾巴抓住啦。

2. 成人戴上小猫的头饰，指定一块安全的区域，让戴着小鱼头饰的宝宝像鱼娃娃一样自由地游来游去。然后，成人边说儿歌边张开双臂去搂宝宝，以让宝宝学着加快速度跑。成人有意识地在宝宝身后，做要抓但没抓住的动作，促使宝宝发挥自己的能力，在加快速度跑的同时，稳定自己的身体。

可配合儿歌：

小鱼小鱼水里游，

游来游去真自由。

看见小猫来捉鱼，

扭头转身快快游。

专家解读：跑是直接关乎宝宝生活、生命质量的一项动作技能。跑的动作技能的提升需要在反复的动作练习中提高自身反应的灵活度和大脑的协调性。当宝宝学会跑步后，要进一步进行跑步姿势训练：跑步时弯曲手肘，摆动胳膊，大腿上抬，前脚掌先着地。

手眼协调训练——小花猫捉老鼠

游戏名称：小花猫捉老鼠

游戏目的：促进手部动作发展；发展手眼协调及身体各方面的统一配合。

游戏过程：

1. 成人戴着老鼠的头饰扮演老鼠，让戴着猫的头饰的宝宝来抓自己，要不停躲闪。这个过程中，成人要注意帮宝宝控制好自己的身体和动作。

可配合儿歌：

小老鼠，跑跑跑，

小花猫，窜又跳，

跑跑跑，窜又跳，

真是勇敢的小花猫。

2. 成人用绳子拉着一只玩具老鼠，慢慢向自己这边拉，让宝宝用

小手去拍正从他身边经过的玩具小老鼠。

可配合儿歌：

几只老鼠偷偷跑，
花猫爪子举得高，
看准老鼠拍下去，
真是灵活的小花猫。

专家解读：游戏中，从大运动到精细动作的转换，刺激了宝宝大脑的神经通路。大脑皮层有相当大的区域专门用于指挥手指、手心、手背以及腕关节的感觉和运动。所以宝宝手部的动作，特别是手指的动作越灵活自如，越能在大脑皮层建立更多的神经反射和联系，从而使大脑变得更聪明。

双脚跳跃游戏——小松鼠跳圈

游戏名称：小松鼠跳圈

游戏目的：促进宝宝四肢协调能力；练习双脚左右跳跃，发展下肢力量和爆发力。

游戏过程：

1. 成人在地上用两条平行的绳子摆成一条小路，用粉笔在小路上画几块大石头，然后让宝宝两手侧平举，从小路中间走过，遇到“石头”时抬腿跨步迈过去。

可配合儿歌：

一条小路长又长，
宝宝走在路中央，
小心走，大步迈，
走过小路喜洋洋。

2. 成人在地放上很多跳圈，并为宝宝做示范：连贯地做跳跃动作；然后为宝宝戴上小松鼠的头饰，边说儿歌边让宝宝跟着自己，双脚向左、向右跳，从一个圈跳到另一个圈。

可配合儿歌：

松鼠走路蹦蹦跳，
遇到跳圈使劲跳，
左跳跳，右跳跳，
一跳一跳向前跳。

专家解读：喜欢蹦蹦跳跳是宝宝的天性。跳的训练能使孩子身体发育得更好，智力也能相应得到提升。跳的时候需要孩子自身有很好的协

调性，上肢和下肢骨骼肌肉很好地配合。双脚落地时，通过足反射区刺激大脑，可以促进宝宝的前庭觉和本体觉的发育。

向前跳的游戏——小兔子采蘑菇

游戏名称：小兔子采蘑菇

游戏目的：练习双脚离地向前跳的动作，促进四肢协调和对身体动作的控制，发展身体平衡能力。

游戏过程：

1. 成人帮助宝宝戴上兔子头饰，告诉宝宝："现在我们来练习小兔子的蹬腿动作。"然后站在宝宝对面，边说儿歌，边指导宝宝训练。

可配合儿歌：

宝宝认真听我说，

按照口令做动作，

蹲下、站起，站起、蹲下，

兔子蹬腿玩得欢。

2. 成人将几个蘑菇玩具放在前方的地上，并做向前跳的示范。接着，成人教宝宝双脚同时离地向前跳去，跳到一个蘑菇附近时蹲下身去采蘑菇，然后站起来向另一个蘑菇跳去。

可配合儿歌：

小白兔，采蘑菇，

跳跳跳，跳向前，
蹲下身，采一个，
蘑菇放进筐里边，
采了一个又一个，
蘑菇一会就采完。

专家解读：教宝宝学习跳的动作，重要的是让他学会跳的正确姿势：两脚稍稍分开，身体呈半蹲状，上身稍向前倾，两臂弯曲，两手握紧，向前跳的步幅不要过大，以免扭伤腿。宝宝在跳的过程中，既锻炼了自己灵活的身体，也培养了勇敢的品格。

2 ~ 3 岁运动游戏

视觉与手部动作训练——飘动的纱巾与花瓣

游戏名称：飘动的纱巾与花瓣

游戏目的：促进手的功能发育，将抓握动作训练与视觉追踪、身体协调运动结合起来。

游戏过程：

成人将宝宝安置在床中间坐好，然后让宝宝仰起头，看着一些绢花花瓣从天而降。成人及时提醒宝宝："快快用手接住花瓣。"当宝宝接住后，立即拍手鼓励。

成人与宝宝面对面坐在地板上，把纱巾扔到空中，当它落下时，举起胳膊去抓它。

成人还可以继续用其他的物品和宝宝玩，如往宝宝上方扔一些绸带、丝带、小手绢等，让宝宝去抓、去接。

可配合儿歌：

天上落花瓣，片片都好看，

宝宝伸出手，接住小花瓣。

纱巾飘呀飘，宝宝好喜欢，

双手抓住它，甩甩转圈圈。

专家解读：在手的功能发育过程中，学着抓住运动中的东西不光需要双手协调，重要的是宝宝要思考东西会落在哪里，自己要在哪里才能接住，这就需要视觉追踪与身体移动协调运动同时进行。

手眼协调及平衡托举训练——运送积木

游戏名称：运送积木

游戏目的：练习双手托举物体行走的动作和头顶物体行走的动作，促进宝宝身体的控制能力、平衡能力和快速反应能力的发展。

游戏过程：

1. 托积木走：要求宝宝双手托积木，走过小路，把积木运送到爬爬毯对面。“准备，开始！”宝宝听到口令后才能迈步。

2. 顶积木走：让宝宝将积木顶在头顶，双手护在积木的两边，慢慢地走到终点，放下头上的积木，再走回来。成人可以先示范，然后再让宝宝自己操作。

可配合儿歌：

小宝宝，笑嘻嘻，

我和积木做游戏。

挺胸抬头顶积木，

保持平衡练身体。

专家解读：平衡托举游戏训练了宝宝上肢的控制能力，提高了身体的平衡协调能力，增强了宝宝快速反应的能力。

手眼协调及投掷训练——土豆扔进筐

游戏名称：土豆扔进筐

游戏目的：学习投掷的动作，促进上肢及肩部力量，发展本体觉，协调四肢运动；刺激多种感觉，训练动作计划能力，提高动作准确性。

游戏过程：

1. 成人做示范：拿起一张报纸，揉成球状——好像一个土豆的样子，然后将这个球扔到指定的地方，并对宝宝说："来，我们一起把土豆堆起来。"

可配合儿歌：

我用报纸揉球球，

揉成球球像土豆。

揉啊揉，堆啊堆，

土豆今天大丰收。

2. 成人将一个筐放到离"土豆"约 1 米远的地方，示范单手投掷，将"土豆"单手投入筐中，接着让宝宝站在一定的距离外把"土豆"单

手投入筐中。一定要鼓励宝宝独立尝试。成人要随时根据宝宝投掷的远近调整筐和宝宝的距离。

3. 成人和宝宝身上各背一个筐，每人手里拿着两个“土豆”，看看谁先把手里的“土豆”投进对方的筐里。游戏开始后，互相追赶，追到了就将“土豆”投向对方背上的筐里。

专家解读：良好的精细动作技能是从有效的粗大动作技能发展来的。也可以说，精细动作的控制是在粗大动作的控制基础上发展而来的。在进行精细动作训练的时候，可多多提供安全的物品给宝宝，让其用来练习抓握等动作。“做土豆”是让宝宝通过捏、搓、折、揉的动作将一张纸揉成一团，这个过程刺激了宝宝的多种感觉，训练了宝宝的动作计划能力，而投掷提高了宝宝的动作准确性。

手、臂与肩的协调运动——划小船

游戏名称：划小船

游戏目的：练习握力，增强肌肉群的力量；学着做双臂向后环绕的动作，促进手指、手腕、臂部关节的发展，使肩部动作更灵活。

游戏过程：

1. 卷纸卷：成人带着宝宝用报纸卷一些纸卷，并用透明胶带固

定好。

2. 搭小船：成人带着宝宝用纸卷摆一个小船的形状，带着宝宝坐进去，并让宝宝手握用报纸卷成的“船桨”做划船动作。

3. 划小船：成人让宝宝坐在自己膝上，双手握住宝宝双手，做划船动作，将两臂抬起向上推，再收回来，并且不断重复。

可配合儿歌：

身体坐稳当，
两手握住桨，
向呀向前划，
不怕大风浪。

专家解读：宝宝天生喜欢运动量大的游戏，因此在训练手的精细动作时加上其他部位的运动练习，会增加宝宝的游戏兴趣。适量的训练，会带来更多的手指、手掌、手腕等部位的运动活力，也是一种大动作的延伸，更是手的大肌肉运动到手的精细肌肉运动发展的必然过程。

手部运动之涂抹练习——一起来涂色

游戏名称：一起来涂色

游戏目的：促进两侧协调和跨中线的能力；促进手眼协调和动作计划能力。

游戏过程：

成人将涂色板或画布固定在墙上，带着宝宝走到涂色板或画布跟前，看看背景动物是什么，长什么样，让宝宝思考一下，应该给它涂上什么颜色呢？

成人拿出板刷、颜色和调色盘，按照宝宝所指的颜色，示范如何用板刷从调色盘里蘸颜色，并将颜色涂到涂色板或画布上。然后让宝宝自己操作。

可配合儿歌：

左手拿着调色盘，
右手举着大板刷，
蘸上颜色画呀画，
动物穿上衣服啦。

涂完颜色，成人给宝宝示范如何倒退到远处去欣赏自己的作品；然后示意宝宝也倒着走到远处，欣赏自己刚完成的作品。

专家解读：涂颜色不仅仅是一种艺术创作活动，在宝宝左右挥舞刷子时，提升了宝宝跨中线的运动技能。涂颜色时需要宝宝五指配合，紧紧抓住板刷手柄，用力将颜色涂到自己想涂的地方，训练了动作协调和手眼协调。随时倒着退一退，在远处看一看自己的作品，头脑中又想到应该如何继续涂色，运动计划能力又因此而得到提升。

手部投掷动作练习——放羊的孩子

游戏名称：放羊的孩子

游戏目的：促进运动知觉、本体觉及多重感觉发育，提高手眼协调能力。

游戏过程：

1. 成人拿来一只毛绒玩具小羊，对宝宝说“小羊，小羊，咩咩叫的小羊”，边说边把小羊放到一个大纸箱里。然后，成人教宝宝将食指和中指做成小羊的犄角的样子放在头的两边，继而模仿小羊喝水、游戏和走路的样子。

2. 成人拿起一张报纸，将其揉成一个大纸球，接着再拿起一支绿色的水彩笔，在纸球上画出青草的样子，然后站在离纸箱约1米远的地方，将纸球扔到箱子里，边扔边说：“青草，青草，小羊爱吃的青草。”成人做完示范，让宝宝重复这一系列动作。

3. 成人对宝宝说：“一会儿我们去放羊，宝宝要小心，如果狼来了就捡石头去打狼，把狼赶走。现在我们要赶紧找来一些大石头，万一狼来了，我们就可以把它赶跑了。”用纸将石头做好后，堆在一处，然后将小羊放在爬爬毯上。成人用一根绳拴上绒布狼，让狼慢慢接近小羊，并提示宝宝赶快拿石头对着狼扔过去，如果宝宝投掷得比较准，就可以让狼离宝宝远一些。

可配合儿歌：

宝宝学放羊，
草地青草香。
小羊吃青草，
来了一只狼。
宝宝捡石头，
去打大灰狼。

专家解读：运动知觉是人对物体空间位移和移动速度的知觉。人对物体运动的知觉是通过多种感官的协同活动实现的，比如投掷中，手中的投掷物与目标的距离让宝宝产生了运动知觉。如果运动知觉与技能落后或不足，会影响动作协调性或发生某些运动性障碍。因此，要多多训练宝宝的运动知觉、本体觉及多重感觉，提高手眼协调能力，发展宝宝的运动知觉。

手脚协调练习——红点和绿点

游戏名称：红点和绿点

游戏目的：促进左右脑神经通路的搭建；增进身体的感知能力和手脚协调能力。

游戏过程：

成人与宝宝面对面坐在毯子上，两腿伸直，脚尖向上；在宝宝的左脚和右手上贴一个红点——红色贴纸，在宝宝的右脚和左手上贴一个绿点——绿色贴纸。然后，成人对宝宝说："我们现在做一个游戏。当我说'红点对红点'的时候，我们就用贴着红点的手去摸贴着红点的脚。当我说'绿点好朋友'的时候，就用贴着绿点的手去摸贴绿点的脚。"

可配合儿歌：

小手小脚做游戏，
左右配合练身体，
认真听完做动作，
绿点红点在一起。

专家解读：游戏中宝宝要学着控制与协调运动过程中的身体，包括上下肢的协调、前后的协调、左右不对称动作的协调等，这些协调促进了宝宝左右脑神经通路的搭建，提升了宝宝身体的感知能力和控制能力。

上下肢协调训练——好玩的呼啦圈

游戏名称：好玩的呼啦圈

游戏目的：发展身体协调动作，发展手脚交替进行活动的能力。

游戏过程：

1. 成人站在宝宝面前为他示范：双手分别握住一个呼啦圈的两边，弯下腰，把它放在正前方的位置，先把一只脚迈入呼啦圈，接着再把另一只脚迈入呼啦圈。然后请宝宝完成这一系列动作。

2. 当宝宝站在呼啦圈里后，成人再递给宝宝一个呼啦圈，请他放在自己的身前，并迈进去；让宝宝转身将原来的那个呼啦圈拿起来，转过身，再放到身前……如此循环，交替前行。

专家解读：在感知运动活动中，要特别关注宝宝肢体协调及平衡能力控制的有效性，多为宝宝提供发展感知运动技能的机会。游戏中要多多调动宝宝的积极性。

宝宝训练时的精神状态好，效果才好，才能更好地促进与发展宝宝大脑的神经通路，让宝宝在轻松愉快的环境中获得身体与心灵的快乐与发展。

手足配合练习——捡贝壳

游戏名称：捡贝壳

游戏目的：练习手脚配合，促进动作的协调性；学习蹲着向前挪动的动作。

游戏过程：

1. 制作海滩：成人带着宝宝把一条一条的蓝色皱纹纸铺成“海滩”，然后将装满贝壳的小筐子递给宝宝，引导宝宝弯腰、蹲下、向前挪动，把贝壳放到“海边”。

2. 捡贝壳：成人指着地上的贝壳对宝宝说：“我们要把贝壳捡起来，放到小筐里。”然后让宝宝一个一个地把贝壳捡起，放进小筐里。

可配合儿歌：

小宝宝，到海边，
捡拾贝壳心喜欢。
弯下腰，蹲下身，
贝壳捡到小筐里。

专家解读：也许有的宝宝还不太能掌握蹲着向前挪动的动作，而只能弯腰捡起贝壳，这没关系。宝宝最初在进行手足配合练习的时候，都会出现手忙脚乱的现象，这是正常的。成人要耐心帮助宝宝学着变换自己身体的各部位，做不同的动作。如果宝宝按照要求，动作到位时，要给他一个热烈的拥抱，鼓励他继续按照游戏要求，一项一项地做完。

单脚站立练习——狐狸和小鸡

游戏名称：狐狸和小鸡

游戏目的：促进宝宝身体的平衡感；培养宝宝单脚站立的能力。

游戏过程：

1. 成人让宝宝站在椅子后面练习单腿站立：用双手扶着椅子靠背，抬起一条腿悬空5秒，然后换另一条腿。

2. 宝宝戴上小鸡头饰扮演小鸡。成人戴上狐狸头饰扮演狐狸，蹲在距离宝宝1米之外的地方。“小鸡”边朗诵儿歌边单腿站立，一旦两脚同时落地，“狐狸”马上跑过来捉“小鸡”。当“小鸡”跑到塑料圈代表的家中的时候，“狐狸”就不能再抓“小鸡”了。

可配合儿歌：

坏狐狸，去抓鸡，
小鸡单腿在站立，
站稳了，不动了，
狐狸转身回洞里。

专家解读：感觉处理是精细动作能力、动作计划能力、双侧协调能力的基础。游戏可以帮助宝宝统合感觉、提升能力。单脚站立不仅能促进宝宝身体的平衡感，还能使宝宝对自己的身体动作有一定的掌控力。单脚站立时，身体不知不觉地进行的姿势调整，维持了身体的稳定，修正了身体的不平衡，也为今后单脚跳做好了准备。

手足配合练习——动物运动会

游戏名称：动物运动会

游戏目的：训练模仿能力，促进手足配合能力。

游戏过程：

成人与宝宝面对面，手拉手，站好，对宝宝说："今天我们要和森林里的小动物一起开一场运动会，我们看看都有哪些动物来了。"边说边拿出储物篮里的动物卡片。

成人逐一举起卡片，跟宝宝一起看，问宝宝是什么动物，并让宝宝学一学它是怎么走路的。比如，看到小熊的图片，就用两手模拟小熊的爪子，一步一步慢慢向前走；看到小螃蟹的图片，就将两臂举起，两手

的食指和中指向上举起——像螃蟹的夹子一样，双腿屈膝，横着移动身体；看见鸭子的图片就蹲着走；看见兔子的图片就跳跃；看见小马的图片就奔跑；等等。

可配合儿歌：

快乐盒里快乐多，
快乐一个接一个，
摸出一张小卡片，
看看上面画什么。

专家解读： 宝宝天性渴望触摸与移动，但有的宝宝会逃避触摸与移动，因为有些经验会让他们觉得不舒服。这时，他们需要安全感，需要大人的引导。一旦有了安全感，他们才会主动去观察和模仿。

变换速度走的游戏——听话的小山羊

游戏名称： 听话的小山羊

游戏目的： 增强宝宝腿部肌肉的力量；发展宝宝对身体速度的控制能力和平衡能力。

游戏过程：

1. 成人在前，宝宝在后。成人引导宝宝边说儿歌边向前走。

可配合儿歌：

山羊妈妈带娃娃，
一起外出去玩耍，
走啊走，走啊走，

做个听话的好娃娃。

2. 成人让宝宝跟在自己后面，让宝宝跟随口令，或快或慢地调整速度走。

可配合儿歌：

走走走，跟着羊妈妈走，
走走走，快快地走，
走走走，慢慢地走，
走走走，不快不慢地走，
山羊妈妈和娃娃，走过小桥去玩耍。

3. 成人为宝宝戴上小山羊头饰，引导宝宝扮演小山羊走过“桥”——爬爬毯，成人站在“桥”旁边保护宝宝。

4. 成人带宝宝走到小桥——爬爬毯——的一头，自己走到小桥的

另一头，对宝宝说："我们一起来过桥。"然后，朝宝宝走过去，与宝宝在桥的中间相聚。成人问宝宝："小山羊怎么过小桥？"然后，成人抱着宝宝转半个圈，将宝宝放在另一边，让宝宝继续向前走到桥那头。

可配合儿歌：

山羊妈妈过小桥，
踢拖踢拖向前走。
小山羊，过小桥，
踢拖踢拖向前走。
山羊妈妈帮宝宝，
换个位置继续走。

专家解读：变换速度走对于宝宝来说增加了难度。随着宝宝腿部肌肉力量的增强，发展宝宝对身体速度的控制能力和平衡能力至关重要。成人要关注宝宝是否在模仿动作，是否在认真听要求，是否在按照要求调整自己的速度，以便及时调整对宝宝的训练。

挺胸抬臂走的练习——小鹰学飞行

游戏名称：小鹰学飞行

游戏目的：促进本体觉，加强身体意识，提高对大动作的控制能力。

游戏过程：

1. 成人站在宝宝的前面，让宝宝看看自己是怎样踮着脚尖走路的；然后让宝宝跟在自己身后，也踮脚尖走路。

2. 成人为宝宝戴上小鹰头饰，让宝宝打开双臂，抬头挺胸踮着脚尖向前走。

3. 成人用绳子在地上摆出一条弯曲的小路，让宝宝踮着脚尖走在弯曲的小路上，边走边上下扇动两臂。

可配合儿歌：

小鹰向前走，
两眼看前方，
挺胸抬起臂，
两脚不擦地。

4. 成人带宝宝到宽敞的地方，同宝宝一起张开双臂，随着伴奏音乐上下舞动，同时快速地小跑和跳跃，就像小鹰飞行一样。

专家解读：本体觉与触觉、前庭平衡觉系统有相当密切的合作关系。本体觉的发育对宝宝今后的日常生活有很大的影响。游戏中宝宝踮着脚尖走时，能让宝宝意识到自己身体的位置与身体各个部位的位置，为大脑提供了重要的信息。这些信息有助于大脑协调和控制基本的粗大动作与精细动作。

走平衡木的练习——小猫钓鱼

游戏名称：小猫钓鱼

游戏目的：促进空间概念的发展，训练肢体平衡能力和对身体的控制能力。

游戏过程：

1. 走平衡木：成人带着宝宝站在平衡木的一边，对宝宝说："今天我们来做小猫钓鱼的游戏。"然后为宝宝戴上小猫的头饰，帮宝宝扛上小竹竿，要求宝宝大步从"小桥"（平衡木）的一边走到另一边。

可配合儿歌：

小猫扛着小竹竿，
挺挺胸，扬扬脸，
一二一二走上桥，
走过小桥心喜欢。

2. 走S形平衡木：成人将两个弧形平衡木对接，做一条S形小路，然后对宝宝说："现在小猫要从弯弯曲曲的小路上走过，走的时候千万

不要从路上掉下来。”

可配合儿歌：

小猫扛着小竹竿，
挺挺胸，扬扬脸，
一二一二走小路，
走过小路心喜欢。

3. 练习坐平衡木：成人对宝宝说：“下面，小猫坐下来开始钓鱼啦！”然后扶着宝宝坐在平衡木上。

可配合儿歌：

小猫小猫坐下来，
向左斜，坐回来，
向右斜，坐回来，
一动不动坐稳了，
一条小鱼钓上来！

专家解读：平衡觉是一种综合的感觉，它会影响人体动作的协调性和灵活性。对宝宝进行本体觉平衡功能的训练，是为了促进身体平衡，提高身体的协调性。生活中宝宝身体四肢的协调能力，包括身体单、双侧协调和对肢体动作力量大小的控制等功能，直接影响宝宝的生活能力。本游戏中从走平衡木，到走S形平衡木，再到坐平衡木，由浅入深，由易到难，逐步加强了本体觉平衡功能的训练。

身体双侧协调练习——秋叶飘飘

游戏名称：秋叶飘飘

游戏目的：提升运动觉，练习跑、走、跳的动作，发展身体双侧协调能力及平衡能力。

游戏过程：

1. 成人带宝宝来到树下，告诉宝宝："这些树叶像淘气的小娃娃。每当秋天到来时，绿绿的树叶就变成红色或黄色。现在让我来做秋风，宝宝做树叶，把胳膊打开。我说刮大风时，宝宝边跑边抬起两臂，使劲地挥动，好像树叶晃动一样，还可以转动身体。我说吹小风时，宝宝边

慢走边轻轻摇晃两臂。我说风停了时，宝宝就蹲下来。”

可配合儿歌：

秋天到来啦，树叶变黄啦，
秋风刮来啦，树叶变红啦，
大风呼呼刮，树叶掉下啦，
宝宝爱树叶，赶紧捡起它。

2. 宝宝手提小篮子面对成人站好。成人将手中的树叶抛向空中，让宝宝跑着或跳着去用小篮子接空中落下的树叶。

可配合儿歌：

捡呀捡，捡呀捡，
宝宝我把树叶捡。
纸上粘贴树叶画，
夹在书里成书签。

专家解读：良好的前庭平衡系统可以帮助我们统合身体双侧的信息。在游戏中，宝宝能够运用身体的双侧，使之成为互相合作的一个整体。在双侧协调训练中，还促进了跨越中线的能力，比如身体左右动作协调、上下肢协调等。游戏中视觉追踪的参与，又带动了全身协调一致地去控制跑和跳的动作中的平衡，动作的计划性因而随之增强。

绕障碍物跑的练习——蝴蝶和小花

游戏名称：蝴蝶和小花

游戏目的：练习绕障碍物跑，训练四肢平衡能力。

游戏过程：

1. 成人与宝宝面对面站好，让宝宝看到自己手中拿着的蝴蝶头饰和蝴蝶的翅膀。成人对宝宝说："如果宝宝想把自己打扮成一只美丽的小蝴蝶，就跑到椅子那边把蝴蝶的头饰和小翅膀拿回来。不过，在跑的时候要跑直线哦。"

2. 成人先帮宝宝戴上蝴蝶头饰，别上蝴蝶翅膀，然后让宝宝把小桶、花籽以及一束花依次放到指定的地方，最后让宝宝绕过小桶"飞"回来。成人要观察宝宝，看他在半分钟之内是否能够跑 25 ~ 35 米的距离。

可配合儿歌：

蝴蝶飞来又飞去，
提只小桶种花去。
花籽种在小桶里，
长大开花真美丽。

专家解读：在对宝宝进行动作训练的过程中，要多多带动宝宝的情感体验，有助于宝宝积极地参与运动训练。宝宝从小就有对美的向往，戴上蝴蝶的头饰和翅膀，模仿蝴蝶飞的动作，那种开心、喜悦难于言表。模仿蝴蝶的动作是打开双臂帮助自身平衡，使自己的上下肢动作变得协调的过程。绕过障碍物时，转身、姿势的改变、脚下步幅的调整等，都是很好的考验与训练。

持物、控物跑游戏——放鸭子

游戏名称：放鸭子

游戏目的：促进本体觉，提高控制能力；促进手眼协调性及全身的平衡能力。

游戏过程：

1. 成人交给宝宝一个塑料小鸭子，对宝宝说："今天我们要和小鸭子交朋友，一起做游戏。"然后与宝宝面对面站好，一起做小鸭操。

可配合儿歌：

小黄鸭，小白鸭，清早起来叫嘎嘎，
洗洗脸，抖抖毛，走到院里做早操，
小鸭排队到河边，跳到河里心欢喜，

浮在水面真自由，肚子饿了不发愁，
河里鱼虾多又多，小鸭边吃边唱歌，
金色阳光闪闪亮，照得小鸭暖洋洋，
小黄鸭，小白鸭，摇摇摆摆回到家。

2. 成人递给宝宝一根赶鸭子的小棍，让宝宝右手持着小棍，先赶着鸭子四散走走。等到宝宝学会用小棍控制小鸭子了，就请宝宝站在爬爬毯的一边，把小鸭赶到爬爬毯的对面。如果小鸭子半路上跑掉了，就把小鸭子抱回原处，继续往前赶着跑。

可配合儿歌：

宝宝今天学放鸭，

小小黄鸭叫嘎嘎。
摇摇摆摆一路跑，
跳到水里捉鱼虾。

专家解读：本体觉也就是姿势感觉，它会告诉我们“肌肉是在伸展还是在收缩，关节是在弯曲还是在伸直”的信息。本体觉的功能在于提高身体知觉和促成动作控制与动作计划的能力。本体觉出问题时，会影响宝宝摆放身体姿势和移动身体的能力。只有宝宝真正拥有本体觉时，才能信任自己的身体，才会感到安全与安心，从而产生情绪上的安全感。

跳床训练——上了发条的小青蛙

游戏名称：上了发条的小青蛙

游戏目的：促进平衡能力、触觉、本体觉的发展，强化前庭刺激，预防重力不稳。

游戏过程：

成人将戴好青蛙头饰的宝宝放在跳床中间，面向自己，与宝宝双手相握；鼓励宝宝双脚离开跳床，屈膝向上跳。当宝宝找到感觉后，成人便提醒宝宝双腿并拢，在跳床的中间跳，并适当松开手在旁边进行保护。

可配合儿歌：

小青蛙，蹦得高，
一上一下练跳高。

小青蛙，呱呱呱，
锻炼身体好娃娃。

专家解读：跳床的训练，可以很好地促进宝宝身体平衡，预防或矫正宝宝重力不稳。在训练过程中如果宝宝害怕，成人可以握住宝宝的双手，跟他一起跳跃；或站在跳床的边上，随时纠正宝宝的姿势，给宝宝一种安全感。

向前跳的练习——青蛙捉害虫

游戏名称：青蛙捉害虫

游戏目的：训练前庭平衡觉，促进移动与平衡的能力。

游戏过程：

成人和宝宝分别戴上青蛙头饰扮演青蛙，并与宝宝一起模仿青蛙跳的动作，作为热身活动。

成人边朗诵儿歌，边做双脚向前跳的示范动作，然后指导宝宝双脚立定，向前跳。

可配合儿歌：

小青蛙，大嘴巴，
向前跳，呱呱呱，
一二三四连着跳，

捉住害虫吃掉它。

成人将塑料圈摆在爬爬毯上，成一竖行，每个圈里放一个小青虫毛绒玩具，请宝宝跳到一个圈里，弯腰，捡起小青虫；然后向前跳，跳到另一个圈里，弯腰，捡起小青虫，直至将所有圈里的小青虫捡完。

专家解读：移动与平衡是与感觉相关的动作技能。宝宝在向前跳时，为了让身体与地面保持垂直和稳定，会不知不觉地调整身体姿势，这种调整叫作姿势自动调整。向前跳训练会使宝宝的移动增强协调性，宝宝从开始的比较笨拙、害怕跌倒、不敢双脚离开地面，到比较灵活地掌控自己的身体，动作得到了发展。

在教宝宝连续双脚跳动时，可先拉着他的双手，给他信心和勇气，再慢慢松手。

从高处向下跳的练习——勇敢的小老虎

游戏名称：勇敢的小老虎

游戏目的：促进前庭平衡觉，训练动作计划能力和动作执行能力。

游戏过程：

1. 成人站在平衡脚踏石上，对宝宝说：“宝宝，看我的两脚并在一起，我要从这块石头上跳下去。宝宝想试试吗？”接着，教宝宝从10 ～ 15 厘米的高度往下跳，要注意别伤着宝宝的脚后跟。

2. 成人将平衡脚踏石摆在爬爬毯上，平衡脚踏石之间留 50 厘米的距离，成一竖排。成人请宝宝跟在自己的后面，做以下动作：迈上石头，并拢双脚，轻轻跳下，练习从高处向下跳的技能。

可配合儿歌：

啊呜啊呜啊，
我是小老虎，
张开大嘴巴。
敢从山坡往下跳，
小虎扑食本领大。

专家解读：有的宝宝前庭平衡觉有缺陷，即使没有危险存在也十分害怕会跌倒，甚至双脚离开地面，都会使他们感到焦虑。经常训练会改变这种现象，增强宝宝的安全感。如果宝宝提升了前庭平衡觉，有了较好的身体素质，有了良好的心理状态，就能够完成各种动作计划，完成好预先计划好的工作。

连续跳的练习——小熊跳跳跳

游戏名称： 小熊跳跳跳

游戏目的： 促进运动计划能力；练习双脚跳的动作，加强腿部力量。

游戏过程：

1. 成人让宝宝看着自己给发条小熊上紧发条，示意宝宝观察它是怎样活动的，又是怎样停止的。

2. 成人敲着小鼓，引导宝宝模仿发条小熊的样子，做连续跳的动作，并让宝宝随着小鼓的节奏跳。小鼓敲得快，宝宝跳得快；小鼓敲得慢，宝宝跳得慢。

可配合儿歌：

上发条的小狗熊，
跳着敲鼓咚咚咚。
宝宝学着连续跳，
真像发条小狗熊。

专家解读： 运动计划能力是指把自己组织起来去做某项不熟悉或比较复杂的行动的能力，比如宝宝为小熊上发条的动作和模仿小熊连续跳的动作。宝宝若能积极主动地去碰触各种东西，参加各种活动，他的动作计划能力和运动技能将会变得更好。

第五章

婴幼儿感觉统合训练

感觉的基本概念

感觉是人对直接作用于感觉器官的事物的个别属性的反应。比如，颜色、气味、声音、光滑感和粗糙感等只有通过感觉才能知道；个人身体的变化，如运动、位置以及内脏器官的活动也要通过身体的感觉知晓。

没有作用于感觉器官的事物，就不会产生感觉。感觉是一种最基本的、最简单的低级物理现象，而高级的、复杂的心理现象都是在感觉的基础上产生的，所以感觉是人类认识世界的开端。当感觉器官发生缺陷或障碍时，将会给人们带来诸多问题，如聋人、盲人，他们由于听、视感觉器官的缺陷，使其认识世界的能力远远低于正常人。

人体的感觉系统

感觉系统

人体的感觉系统是由内脏感觉和躯体感觉组成的。

内脏感觉又包括特殊内脏感觉和一般内脏感觉。嗅觉和味觉属于特殊内脏感觉，胀感、痛感和空感属于一般内脏感觉。

躯体感觉也包括特殊躯体感觉和一般躯体感觉。视觉、听觉和平衡觉属于特殊躯体感觉。一般躯体感觉含有浅感觉、深感觉（本体感觉）和复合感觉等类型。浅痛觉、温度觉等触觉是浅感觉。本体感觉是深感觉。深感觉是指感受肌肉、肌腱、关节和韧带等深部结构的感觉。此外，复合感觉是指定位觉、两点辨别觉、实体觉、重觉等。

- 感觉系统
  - 内脏感觉
    - 特殊内脏感觉——嗅觉、味觉
    - 一般内脏感觉——胀感、痛感、空感
  - 躯体感觉
    - 特殊躯体感觉——视觉、听觉、平衡觉
    - 一般躯体感觉
      - 浅感觉——触觉（浅痛觉、温度觉）
      - 深感觉——本体感觉
      - 复合感觉——定位觉、两点辨别觉、实体觉、重觉

躯体的感觉功能

特殊躯体感觉是指视觉、听觉和平衡觉；躯体浅感觉指的是触觉；躯体深感觉是指本体感觉，逐一介绍如下。

视觉功能和视知觉

视觉功能

眼睛的视觉功能包括形觉、光觉、色觉和立体视觉等方面。

视力就是形觉。

光觉就是光的感受能力，担负着夜视觉作用，夜视觉功能不足，通常称为夜盲症，晚上看不见东西，夜间不能出来活动。

色觉是分辨颜色的能力。

立体视觉是三维空间的双眼视觉。立体视觉是建立在两只眼睛视力正常的基础上的。弱视、斜视的孩子常常影响正常立体视觉功能的形成。

眼睛的上述功能都很重要，一个也不能少，缺乏哪一种功能都将给

孩子的生活、学习和今后的工作带来严重影响。

视知觉

视知觉是指大脑对视觉的解释。简单来说，能否看见、察觉到光和物体的存在，与视觉接收好不好有关。但看到的东西是什么、有没有意义、大脑怎么做解释，则属于视觉认知的部分。因此，视知觉包括“看见—看全—看懂—理解—记住”的生理过程。

视知觉发展不良对孩子的影响

一般来讲，视知觉发展不良的孩子看上去很聪明，眼大而亮，但读书时经常出现跳读、漏读、多字或少字等情况；写字时常有偏旁部首颠倒，甚至不认识字的现象。其他表现有：能说不能写，神色显得有些多动或慌乱。

这类孩子还常常丢三落四，生活无规律。

听觉功能和听知觉

听觉功能

听觉是声波形成的神经冲动，沿着听觉神经传到大脑皮层的听觉中枢，形成听觉。

人们听到的声音具有三个感觉特性，即音强、音高和音色。听觉也会疲劳，疲劳若经常发生，会造成听力减退甚至耳聋。

听知觉

就像视知觉一样，听知觉是大脑对听觉的解释。对听知觉的检验是通过说来进行的，因此叫作“听说通道”。听知觉的学习过程包括听觉分辨力、听觉记忆力、听觉理解力、听觉编序力、听说结合力五方面。

听觉失调对孩子的影响

注意力不集中，多动，对别人的话听而不闻，丢三落四，常忘记老师说的话和老师留的作业等，都是听觉失调的典型表现。

平衡感和前庭功能

平衡感

前庭负责掌管平衡感。所谓平衡感，就是跟地心引力之间的协调。平衡觉又称静觉。

前庭功能

前庭的主要功能是侦测地心引力。此外，前庭系统还有促进其他神经系统发展的功能。

1. 前庭觉的运作帮助保持身体姿势的平衡和有效率的运动。当个体进行加速或减速活动时，前庭会调整头部的相对位置，以维持身体的平衡；撞到东西或跌倒时，能马上反应，以保护身体。

2. 前庭觉掌管人体空间方位的感应。仅靠视觉，人是无法精准地判断空间方向的，必须结合前庭三个半规管所提供的重力信息。前庭搭配其他的感觉系统，可以精准地判断空间，并保持个体运动时的平衡协调。

3. 前庭系统与孩子的语言发展关系密切。由于语言的发展牵涉视觉、听觉、触觉，以及嘴、舌、喉部、声带、腹部等的肌肉动作，所以语言能力发展是与前庭的平衡反射紧紧关联在一起的。

4. 前庭觉和其他感觉系统的发展有密切的关系。诸如眼球的追视能力、专注力、阅读力、音感能力、触觉等。

5. 前庭可引导肌肉张力的正常发展，牵动筋肉关节的活动，进而影响到姿势机能的统合。

前庭失调对孩子的影响

前庭平衡功能失常的孩子表现为多动不安，走路易跌倒，原地转圈易眩晕；注意力不集中，上课不专心，爱做小动作，调皮任性，容易违反课堂纪律；容易与人发生冲突，说话词不达意等。

触觉和触觉功能

触觉

触觉是指分布于全身皮肤上的神经细胞接受来自外界的温度、湿度、疼痛、压力、振动等方面的感觉。

狭义的触觉，指轻轻接触皮肤所引起的肤觉。广义的触觉，还包括增加压力使皮肤变形所引起的肤觉，即压觉，一般统称为“触压觉”。

触觉的功能

触觉的产生是生命进化过程中无比重大的事件。

1. 触觉是动物界广泛分布的原始感觉，可诱发身体收缩、蜷曲等简单的运动反应。

2. 触觉往往是动物重要的定位手段。

3. 皮肤可以看作人脑的外层，或是人脑的延伸部分。人的神经系统和皮肤之间有着十分重要和密切的联系。生命初期，处于母体子宫中正在发育的人体胚胎由三层特殊的细胞组成。

第一层（中胚层）将形成肌肉和骨骼。

第二层（内胚层）将形成人体内脏器官，如胃、肠和肺等。

第三层（外胚层）将形成人体神经系统和皮肤。

因此，人体皮肤与人脑是由同一组织产生出来的。皮肤可以看作人脑的外层，或是人脑的延伸部分。

4. 触觉是启迪人们心灵的一个窗口。

触觉有着更为神奇而崇高的作用，即用来表示亲密、善意、温柔与体贴之情，是启迪人们心灵的一个窗口。如医生用温暖的手触摸病人的面额部，看其是否还在发烧，病人会为此感到欣慰；如果医生悉心照料一位卧床不起的病人，为之翻身、按摩和擦身，病人会对此难以忘怀。

如果你将一只手搭在处于困境的朋友肩上，可以使他振奋，给他勇气；如果搭在处于紧张和焦虑不安的朋友肩上，可以使他肩部的肌肉放松，让他感到轻松；当朋友之间满怀热情地紧紧握手时，人会觉得更亲切；当人们哭泣时，为他们擦去眼泪，会令其感到无比安慰。

5. 触觉联系起了身体和情感的需要。

当一个孩子因受到惊吓而恐惧时，最好的办法就是将他抱起来，紧紧地抱着他，并且亲切地亲吻他的脸庞，孩子便不会害怕了。有人认为，“没有触觉”的社会是一种病态的社会，因为它忽视了人的身体和感情系统的需要。触觉联系起了身体和情感的需要。

触觉失调对孩子的影响

触觉失调主要是因为触觉神经和外界环境协调不佳，从而影响大脑对外界的认知和应变。

触觉敏感（防御过强）的孩子，对外界的新刺激适应性弱，害怕陌生的环境，所以喜欢固着于熟悉的环境和动作中（喜欢保持原样和有重复语言、重复动作），比如：吮手、咬指甲、爱哭、爱玩弄生殖器等；过分依恋父母、容易产生分离焦虑；对任何新的学习都会加以排斥，不喜欢他人触摸，人际关系冷漠，常陷于孤独之中；过分紧张，脾气暴躁等。

触觉迟钝（防御过弱）的孩子，则容易出现反应慢（拖拉行为的生理基础）、动作不灵活、笨手笨脚、大脑的分辨能力弱、人情冷漠的问题。

本体感觉和运动觉

本体感觉

所谓本体感觉，是指肌肉、肌腱、关节等运动器官本身在不同状态时（运动或静止）神经末梢传递的信息，以及在此基础上产生的一种综合的感觉。例如，人在闭眼时能感知身体各部的位置。

本体感觉具体可以分为运动觉、位置觉、振动觉和垂直觉等。比如，头部是否能感觉到弯曲或者直立，胳膊是否能够感觉到外伸或者内展……这就是对于自己的运动状态和空间位置的感觉。

本体感觉的功能

1. 本体感觉的接收器，把部分刺激传入小脑，与平衡有密切关系。

2. 部分刺激传入大脑皮层，但大部分只传到脑干，从而自然地维持自己的姿势动作。

3. 本体感觉在人类的学习中占有很重要的地位。

有了本体感觉，才能做出手眼协调和双侧协调等动作。

有了本体感觉来感知自己的肢体在空间中的位置，才能对所处的环境不陌生，对控制自己的动作有信心，才敢于探索新环境，学习新事物。

有了本体感觉，才能在不断的身体运动中了解自己的身体，以及可能做出来的动作，这便是对自己身体形象的认知。

4. 本体感觉和前庭平衡觉之间有着不可分割的关系。

本体感觉配合前庭系统共同协调眼部的肌肉，使得眼睛能够稳定地看清楚物体，从而进一步建立对各种形状及空间的认识。

本体感觉差对孩子的影响

本体感觉差的孩子容易有以下问题：方向感差，容易迷路；不能玩捉迷藏，闭上眼睛容易摔倒；站无站相、坐无坐相；过分怕黑；等等。

什么是感觉统合

在一般人的观念里，感觉是指视觉、听觉、嗅觉、味觉，但事实上，人类生存所需要的最基本、最重要的感觉是触觉、前庭平衡觉和运动觉。

所谓触觉，是指人利用全身皮肤上的神经细胞来接受外界的温度、湿度、压力、痛痒及物质质感等刺激。

前庭平衡觉，是利用内耳的三个半规管来侦测地心引力，并控制头部在活动时的方位，以抵抗地心引力及保持身体平衡。

运动觉，是通过骨与骨相接处的关节面周围的神经接收器，使个体在骨骼肌肉收缩或舒张、关节弯曲或伸直、关节面拉大或压缩时，能了解肢体的位置与动态。

感觉统合是大脑和身体相互协调的学习过程，指机体在环境内有效利用自己的感官，以不同的感觉通路（视觉、听觉、味觉、嗅觉、触觉、前庭觉和本体觉等）从环境中获得信息输入大脑，大脑再对信息进行加工处理（包括解释、比较、增强、抑制、联系、统一等），并做出适应性反应的能力，简称“感统”。

通过感觉统合学说，我们知道感觉刺激是引发神经传导以及神经运作的能源。换句话说，感觉刺激对于脑／中枢神经系统，就如同食物对于身体一样重要，如果大脑缺乏感觉刺激的输入，将无法正常发展。脑虽然需要感觉刺激的不断输入，但感觉刺激也像食物一样，必须由人体吸收，才能对人体有帮助。所以脑除了需要感觉刺激的输入，还需要统合能力正常，才能发挥功效。

感觉是刺激带给个体的客观印象，当感觉通过神经系统传到脑时，脑通过过去的经验加以辨别，使客观的印象附上主观的色彩，这就是知觉。例如，我们看到橘子是黄的、圆的，摸一下，皮是粗糙的，果肉是多汁的，闻起来是香的，尝尝是酸的，用手掂物品是重的。综合这些客观的感觉，才形成我们对橘子整体的主观知觉。有了这样的认知，当再次看到橘子时，我们就会垂涎三尺；而看到同样的黄球，就不会有这样的反应，这就是感觉统合的结果。

儿童发展与感觉统合

新生儿时期

胎儿在子宫内羊水里晃荡了9个月，出生后，仍然喜欢躺在摇篮里，这足以证明婴儿渴望前庭刺激。

早产儿或久病卧床的母亲所生的婴儿，通常较正常婴儿发育差，这类婴儿渴望更多的前庭刺激，待获得足够的感觉刺激后，他们就能赶上正常的新生儿。

3岁以前

3岁以前的孩子，语言、运动等各方面都在迅速地发展，但是家长不应该坐等孩子的发展，而应该主动与孩子一起活动，着重进行知觉—动作的训练，多多进行爬行、蹦床、滑滑梯、平衡木、抛接球、拍球、跳绳等活动练习。

3岁的孩子第一次有强烈独立的倾向，也就是家长感觉到的“逆反”，他们开始要求“我自己来！”尽管他们会把饭吃得到处都是，把东西弄得乱七八糟，但他们还是要求自己干。这时家长不要强迫和压制孩子的独立意识，要因势利导，培养孩子独立操作的能力，让他们自己吃饭、穿衣、系鞋带等。

7岁以前

7岁以前，人脑就像一部感觉处理机，对外界事物的感受主要来自感觉印象。孩子在这段时间内，经常动个不停，忙于寻找感觉刺激，很少用大脑去思考问题，所以这段时间是他们的感觉运动发展的最佳时期。孩子在此时期，如能通过适当的活动获得充分的感觉运动的经验，对日后读书、写字等认知和学习，保持情绪稳定以及适应社会所必须具备的感觉统合能力将有极大的帮助。

脑电图研究表明，脑的发育并不是匀速发展的，4～20岁，有两个显著的加速期，一个是5～6岁，另一个是13～14岁。过了6岁，自由自在活动的日子结束了，开始适应学校生活。

8～9岁

对于一二年级的孩子，学习成绩并不是衡量优劣的标准，关键在注意力、自制力、独立性和良好习惯的培养。如果这些问题被忽略，8～9

岁时就会突出地表现出来。

孩子在8岁以前，脑神经可塑性最高，家长或老师如果能把握时机，在此期间发现孩子脑功能的优点及缺点所在，就可以及早帮助他们发挥长处，改进短处，同时对人格的发展也会产生重要影响。但是这不表明孩子过了8岁，脑神经的可塑性就停止了。即使中老年人脑神经损伤，也可以通过及时的治疗得以康复，只不过年纪较大的孩子，往往不只需要感觉统合训练，有时还需要加上心理辅导，以调整其不愿意面对自己缺失的心态；有些孩子还需要配合行为改变技术，以改掉那些习惯成自然的不适当行为。

9岁以后

9岁的孩子就不仅是适应学校生活了，好多家长和老师感到三年级对一些孩子来说，好像是个大坎儿，他们会表现出这样那样的问题和障碍，如不及时矫正，就会影响五六年级的课程。在这一时期，应该重点加强学习能力的培养和训练。

11～12岁

11～12岁的孩子正是向青春期迈进的年龄，处于由小学升中学的转折。如果孩子的学习能力在早期没有得到足够的发展，那么在这一时期，就不仅仅是学习成绩跟不上的问题了，还会存在厌学等问题，需要的帮助更多，矫正时间也将更长。

什么是感觉统合训练

感觉统合训练是一种运动训练，它是基于孩子神经发展的需要，引导孩子对感觉刺激做出适当动作反应的训练。感觉统合训练将为孩子提供前庭（重力与运动）、本体感觉（肌肉与感觉）以及触觉刺激的全身运动。

人类大脑的学习有赖于身体感觉的输入，大脑起着指挥身体及感官的作用。由于大脑、身体及感觉器官的神经系统是非常复杂的，所以要统合，如果统合能力不足，就会造成大脑、身体及感觉器官的学习混乱，产生感觉统合失调的现象。这种感觉学习在婴幼儿时期的这几年，将打下 80% 的基础。

由于都市化、小家庭化，剖宫产、产程损伤，以及活动空间减少等原因，使婴儿期感觉学习明显不足，尤其是触觉、前庭平衡觉以及运动觉的学习。因此，感觉统合失调的孩子越来越多。

感觉统合失调在行为方面的表现主要有好动不安、注意力不集中、笨手笨脚、在陌生环境害羞、上学后出现学习困难等。所以在学前阶段，尤其在婴幼儿阶段，通过感觉统合游戏进行感觉统合的教育训练，从而预防感觉统合失调的发生，很有必要。

感觉统合训练，其目的不在于增强运动技能，而在于改善处理感觉信息以及组织并构成感觉信息的方法，真正的含义是脑部神经功能的训练。

感觉统合训练的项目

感觉统合训练是指对人类最重要的感觉（如触觉、前庭平衡觉、运动觉等）项目的训练。

感觉统合的训练项目主要有以下几种。

触觉训练

强化皮肤、大小肌肉关节神经感应，辨识感觉层次，调整大脑感觉神经的灵敏度。

训练器材：按摩球、波波池、平衡触觉板。

适应证：爱哭、胆小、情绪化、怕生、笨手笨脚、怕人触摸、发音不正确、偏食、挑食、注意力差、自闭、体弱多病等。

前庭平衡觉训练

调整前庭信息及平衡神经系统自动反应机能，促进语言组织神经健全、前庭平衡及视听能力完整程度。

训练器材：圆筒、平衡踩踏车、按摩大笼球、滑梯、平衡台、晃动独木桥、袋鼠袋、圆形滑车。

适应证：身体灵活度不足、姿势不正、双侧协调不佳、多动、爱打人、语言发展迟缓、视觉空间不佳、阅读困难、自信心不足、注意力不集中、容易跌倒、方向感不足、学习能力以及习惯培养不起来。

弹跳训练

调整固有平衡、前庭平衡感觉神经系统，强化触觉神经、关节信息，促进左右脑健全发展。

训练器材：羊角球、跳床。

适应证：站坐无相、姿势不正、情绪化、身体灵活度不够、多动、注意力不集中、语言发展迟缓、阅读困难、胆小、笨手笨脚、视觉判断不良、触觉发展不良、关节信息不足。

固有平衡训练

调整脊髓中枢神经核对地心引力的协调，强化中耳平衡体系，协调全身神经机能，奠定大脑发展基础。

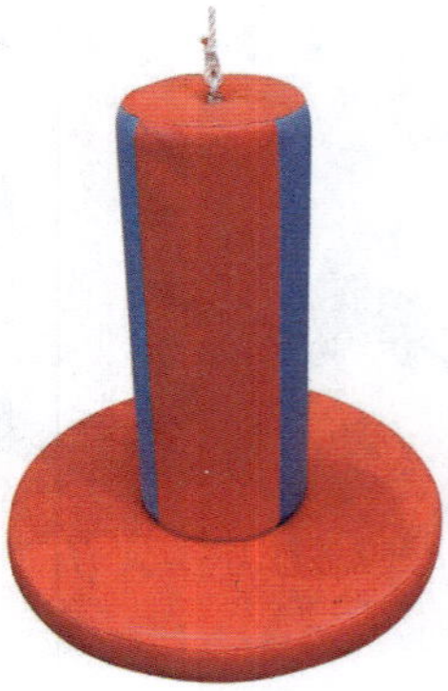

训练器材：独脚椅、大陀螺、脚步器、竖抱筒。

适应证：多动不安、容易跌倒、脾气急躁、好惹人、语言发展不佳、缺乏组织能力及推理能力、双侧协调不良、手脚不灵活、自信心不足。

本体感训练

强化固有平衡、触觉、大小肌肉双侧协调，灵活身体运动能力，使左右脑均衡发展。

训练器材：跳床、平衡木、晃动独木桥、滑板、S 形垂直平衡木、S 形水平平衡木、圆形平衡板。

适应证：语言发展缓慢、笨手笨脚、注意力不集中、多动不安、情绪化、组织力及创造力不足。

感觉统合器材的操作

滑板

滑板是最具效果的教具。

滑板游戏的作用

这种游戏对前庭觉、触觉的姿势调节有很好的促进作用，引发的平衡反应非常丰富。加上视觉信息的输入，脊髓、四肢运动产生的本体感，眼球的运动等在感统的运动中具有重要功能。

在进行滑板运动时，视觉信息被大量送往大脑，使小脑更为苏醒，从而指挥肌肉的紧张变化。这种大脑小脑间的运作能正确整合，就能使孩子的整体感觉统合功能健康发展。

滑板的操作方法

俯卧在滑板上，头朝下从滑梯上往下滑，双臂伸开，保持飞机样的平衡姿势。开始每天做20次，逐渐增加至60次，最多不可超过200次。

滑板游戏的操作要点

可以双手助力在地板上滑行，滑行时双腿伸直，头部高抬，转身双脚蹬墙时应做出飞机状向前滑行。

滑板游戏举例

例一：滑板投篮

在滑板急速滑动时，用手将球投入篮中。

这项活动可以加强颈部肌肉的力量，改进前庭平衡，整合手部力量。

例二：单人牵引滑行

让孩子俯卧或仰卧在滑板上，成人用手拉着绳子带动滑板前进、转弯或旋转等。常用于不会用手爬动的孩子，训练孩子对手的运用及双手协调能力。

例三：滑板过河

让孩子躺在滑板上，背部做支撑点，颈、手、脚弯起向上，用手抓住绳索的一端，脚钩住绳索的另一端，通过手和脚的协同运动带动滑板。当身体屈曲时，前庭接收的信息更丰富，肩、头同时收缩，对迷走神经反射的调节有帮助，特别对"坐没坐相，站没站相"的孩子有好处。

注意：在孩子进行滑板游戏训练时应有成人陪同，以确保孩子的安全。

滑梯

滑梯是感觉统合训练的专用器材，以角度30度、高度50厘米为宜；滑梯顶端有一个约60厘米的平台更好；滑梯前面要留有足够长度的地毯。

滑梯游戏可以统合身体紧张性迷路反射，协助大脑统合故有感觉，维持身体姿势稳定。与滑板配合更是感统训练中的重要活动。

蹦床

蹦床的跳跃有助于前庭的统合，培养平衡感以及训练手眼协调，对自主运动和运动计划的成熟有很大帮助。可以让孩子自由跳跃，也可以互相传接球。

球池

对触觉和前庭刺激有很大作用，主要是对触觉有强化作用，可改善触觉敏感和不足；对前庭平衡能力有帮助，对脑干机能可起到强化作用。

球池的操作

1. 指导孩子用力跳入或轻轻跨入池中。

2. 让孩子将身体全部藏入池中，接受球的挤压。

3. 在球池中翻动或摆动手、脚、身体、头颈，以在浮力状态下调整身体的重力感。

4. 也可以坐或站立在球池中，跃动身体或双脚踏步，承受不同重心及身体运作的感觉。

平衡台

平衡台的活动，对前庭固有感觉及身体姿势的变化有很大作用。尤其站立时重心较高，平衡不易把握，这有助于对平衡反应的反射感觉进行强有力的统合。孩子为求得平衡所做的姿势调整，对前庭固有感觉和视觉统合调整有重大帮助。

平衡活动

在平衡台活动可重建重力感，有助于脑和四肢的协调平衡能力，也可强化身体双侧的配合，平衡反应和视觉运动的协调。

持物走平衡台

能增加孩子游戏的兴趣。

平衡台站立摇动

孩子站立在平衡台上，双脚分开，重心交替，从一只脚转移到另一只脚上，有助于自己控制平衡。同时也可以做传球等游戏。

平衡台上的移动

孩子站在平衡台上，先自行摇晃，然后左右移动身体，这对协调及增强平衡能力大有帮助。

旋转盘

孩子坐在旋转盘中，开始每次旋转 10 ~ 20 次，慢慢增加到 50 次，可左右交替旋转，这对前庭感觉的输入和调整有很大帮助。

大陀螺

大陀螺旋转是一种全身旋转，对前庭感觉、平衡感觉、四肢协调等都有帮助。可以这样进行：孩子坐在大陀螺旋转盘中，双手扶稳，双腿盘坐，放松姿势，成人推动大陀螺使其旋转，让孩

子体验多种多样的旋转。这种重力感的变化，对感觉统合的功能发展非常有利。

吊缆

让孩子躺在吊缆上，左右摇摆或旋转，对前庭平衡不足、触觉防御敏感等都有帮助。

竖抱筒

让孩子抱住圆筒摇摆或旋转，可使前庭器官获得大量刺激信息，可促进孩子肌肉运动，促进前庭体系活动，强化触觉体系。

可以先顺时针方向旋转 5 圈，再逆时针方向旋转 5 圈。

注意：不要在饭后 40 分钟内做此活动。

横抱筒

让孩子趴在横抱筒上自然摆动体会感觉，然后再推动横抱筒前后左右晃动，活动 3 分钟，休息 3 分钟，如此循环 5 ～ 8 次。

这种活动主要刺激前庭感受器，体会由静到动的肌肉反应和前庭感觉。这种触觉刺激可补充感觉统合失调的缺失。

平衡踩踏车

这种游戏对平衡感和本体感不足的孩子非常有帮助。

羊角球

羊角球即带有两个把手的弹力球。这种活动可以强化孩子的姿势反应和双边的统合能力，并有促进高度运动规划的能力。

大笼球

大笼球即直径为 60 ~ 100 厘米的弹性充气球，可以增强身体和地心引力的协调性，丰富孩子的前庭感觉，促进前庭体系的发展。

仰躺大笼球活动

孩子仰躺在大笼球上，以腰部为支点，成人抓住孩子的双脚，做前后、左右的推动和滚动。

此活动可以强化前庭的机能，对协调不良和多动症的孩子有特殊效果。

用大笼球滚压

孩子仰躺在地上，成人将大笼球放置在孩子身上，慢慢进行前后、左右滚动，或者在上面轻轻挤压。

此活动可以增强孩子的触觉。

呼啦圈

可以增强孩子全身的协调能力，有利于前庭觉、本体感的增强。

小按摩球

利用小球刺激身体各个部位，可以增强孩子皮肤触觉。

总而言之，感觉统合训练在于给孩子，特别是婴幼儿提供内耳前庭、本体感觉和皮肤触觉的刺激输入，使孩子能自动形成顺应反应，进而促成这些感觉的组合和统一。

感觉统合训练解决的问题

感觉统合训练的应用

每一种干预技术都有其适用范围，针对特定的问题，表现出解决问题的特异性。感觉统合训练作为孩子问题干预技术之一，虽可用于应对孩子发展的多方面问题，但仍然表现出领域的特异性，有其可为之处，也有其不可为方面。

感觉统合训练多用于解决孩子如下几个方面的问题。

1. 视觉、听觉、前庭觉及本体感觉某一方面或某几个方面存在异常。

2. 经常出现类似的异常行为，或自伤行为，或频发自我刺激行为。

3. 完成动作有困难。

4. 喜欢独处，与同伴一起游戏或沟通存在困难。

5. 害怕或者喜欢别人触摸。

6. 喜欢爬高，旋转不觉得眩晕；害怕爬高，或者害怕眩晕。

7. 语言发育迟缓、姿势别扭、动作不协调。

8. 注意力存在缺陷，多动或冲动，并因此呈现出能力方面的问题。

现实中，孩子可能呈现上述问题的一个或几个方面。一般而言，感觉统合失调较为严重的孩子往往伴随多个方面的问题。

现实中解决的问题

什么是学习能力？人类的学习能力，实际上就是大脑中的一大群神经纤维产生的物理、化学作用。化学作用产生的是能量。学习首先需要的是能量。

再说一个观点，那就是大脑最大的特色是什么？记忆。大脑的新皮质可以感应传入的信息，信息在其表皮刻上纹路，新皮质上的皱褶就是记忆，也是残留的经验。可以说记忆是大脑本质的功能。大脑里记住了什么，有时我们也不知道。

我们每个人都有这样的体会：心情越放松，考试时临场记忆发挥越好；相反，越紧张，原本会的也不会了。这就是说，记忆本来就是有的，只要放松了，能量流动了，记忆自然操作好。反之，越紧张，能量阻断了，就算你大脑中有再多的知识记忆，还是用不出来。如果神经组织通畅，大脑中所有的记忆会被激发出来，建立新的关系，创造力因而也就爆发了。

可以说神经组织的健康、通畅是最重要的。神经组织通畅时，学习能力最强。

学习靠的是能力和智慧，智慧存在于心中。如果一个人的神经足够健康，发出的能量足够强，对知识的吸收和理解也就不会存在问题。在学龄前阶段，强调知识其实是没有太大意义的。神经运行上的任何问题，都会表现在孩子的学习和行为上，可以说都属于感觉统合上的问题。

注意力不好的孩子

视觉、听觉、前庭平衡系统的问题，都可以影响孩子注意力的集中。

以前庭平衡系统为例。前庭是人类脸部的器官和神经组织（眼、鼻、耳、口、舌）的感觉信息处理总枢纽，而这些信息正是人类大脑重要的学习内容。由于前庭的重要感觉器官都位于头部，所以人类头重脚轻。身体和地心引力必须有完整的平衡，否则中耳的半规管平衡系统会陷入混乱，信息的传递就会受到干扰。所以人类的平衡体系和前庭体系的互动非常重要。

人类所有的思考体系和行动体系，都必须依赖前庭的协调。前庭组织发育不良，人类的语言、思考、行为几乎都会陷入混乱之中。

前庭平衡失调的孩子表现为：左右不分，方向感不明，经常磕磕碰碰，喜欢爬高，绕圈子跑，旋转不晕，怕走平衡木等。

在学校里表现为：好动不安、注意力无法集中、上课不专心、爱做小动作、喜欢捉弄人、浮躁、爱发脾气、缺乏自信等。

他们比一般孩子更容易给家长添麻烦，挑三拣四，很难与别人分享快乐，不能考虑别人的需要。

有的孩子还可能出现语言发育迟缓、说话晚、语言表达困难等。有的孩子自己学不到东西，还影响课堂纪律，让老师很头痛。

造成前庭平衡功能失调的原因有很多，比如胎位不正、早期活动不足、爬行不足、过早地使用学步车等。

可以看出，问题表现在孩子，原因在早期。解决孩子的某些学习、行为问题应该从根本入手，不应一味强调认字、学习，而要对孩子进行前庭平衡功能的训练。

从怀孕开始，胎儿前3个月主要是大脑、神经系统的发育，如果孕妇活动过少，不利于胎儿发育。

如果胎位不正，平衡力必定不好。这是因为胎儿在母体里近5个月的移动，管理头部平衡的器官是中耳的半规管。胎位不正是因为运动过程中不够协调。

因此孕妇在孕期要适当活动，多散步，甚至适量做家务。

孩子出生回家后，每天做几秒钟的俯卧抬头、头竖直等训练，适当地摇抱孩子，不要老让孩子看天花板。

孩子3个月开始练翻身，6个月开始练坐，7～8个月开始练爬。如果没经过爬就会走，他的注意力、动作协调性、语言等可能会或多或少地受影响。12个月会走，然后逐渐跑、跳。

从小按照孩子生长发育规律进行这样的训练或者说是养育，一般来讲前庭平衡的发育不会有问题。

如果孩子出现了注意力的问题，排除其他原因，一定要进行感觉统合训练。在日常生活中，可利用家庭中的物品随时进行，以培养孩子的平衡能力。最好进行专业训练。

情绪不良的孩子

孩子上学后，有很多家长反映孩子挺聪明，就是胆小，上课不敢发言，考试爱紧张，不会和小朋友玩，爱发脾气，情绪不稳定。

这样的情况虽然与家长教育方式有关，与孩子与生俱来的气质特性有关，但与早期触觉不足也有很大的关系。

触觉的发展与情绪、性格的发展有很大关系。

人类在胚胎时期，由三层特殊的细胞组成。第一层（中胚层）将形成肌肉和骨骼。第二层（内胚层）将形成人体内脏器官，如胃、肠和肺

等。第三层（外胚层）将形成人体的脑、神经系统和皮肤。因此，人体皮肤与人脑是由同一组织产生出来的。皮肤可以看作人脑的外层，或是人脑的延伸部分。

早产儿、人工喂养儿、缺乏玩伴、对活动限制过多等都会造成孩子触觉学习不足。

触觉敏感表现为：神经质，情绪不稳定，容易紧张，爱哭，害怕人多的地方，甚至不爱上学。他们一般比较孤僻，不会交友，爱黏人，固执，没耐心。如果是嘴唇部位敏感，就会出现爱吃手、咬指甲、咬嘴唇，甚至有咬人、偏食、挑食等问题。

触觉迟钝的孩子，则常有反应慢（拖拉行为的生理基础）、动作不灵活、笨手笨脚、大脑分辨能力弱、人情冷漠的问题，甚至有冒险、自伤自残行为。

婴幼儿期的皮肤触觉非常敏感，出生时经过产道挤压所接收的触觉信息和大小关节信息，是人类最早的触觉学习。剖宫产的婴儿，这方面就有缺失。在成长过程中，吸吮乳头、母亲的爱抚、玩闹等都是在进行充分的触觉学习。

坐没坐相，站没站相

这样的孩子往往与本体感差有关系。

本体感又称身体地图，是指在神经组织的交叉影响下，人类对身体的理解和操控能力，这里包括人的意识、下意识，这也是人类身体灵活和有效学习的基础。

本体感在人类的学习中占有很重要的地位。可以感知自己的肢体在空间中的位置，认识自己所处的环境，了解自己的身体，以及可能做出

的动作，这便是对自己身体形象的认知。

本体感和前庭平衡觉之间有着不可分割的关系。本体感配合前庭系统共同协调眼部的肌肉，使得眼睛能够稳定地看清楚物体，进一步建立对各种形状及空间的认识。

本体感差的孩子方向感差，容易迷路；不能玩捉迷藏，闭上眼睛容易摔倒；站无站相、坐无坐相，过分怕黑；动作协调不良，走路容易摔倒，翻滚、跳绳和拍球不协调；不会系鞋带、扣纽扣、用筷子，手脚笨拙，动手能力差。

本体感严重不良的孩子会形成语言障碍。由于控制小肌肉和手眼协调的脑神经与控制舌头、嘴唇肌肉、呼吸声带的神经是相同的，所以本体感不足的孩子，大脑对舌头、嘴唇、声带的控制不灵活，容易造成语言障碍，如语言发生迟缓、发音不清、口吃等问题。

本体感不是天生就具备的，需要后天的训练。例如，婴儿期的翻身、翻滚、爬行训练，幼儿期的拍球、滑梯、平衡等训练，学龄期的跳绳、踢毽子、游泳、打羽毛球等训练，对孩子本体感的发育都是非常重要的。

曾有教育专家提出这样一个观点：婴幼儿期感觉统合不良，可能是孩子学习困难最主要的原因。这个观点一经提出，立刻引起全世界教育工作者的关注，很多人表示认同。

我们没有办法对统合进行控制，但是我们可以给孩子提供高质量的、足够的感觉信息。只要感觉信息的质和量足够，大脑和身体的感觉会自然产生正确的统合。

附录一　婴幼儿运动发展迟缓的早期干预

运动发展迟缓指运动发展明显滞后，是婴幼儿发育障碍性疾病最常见的表现。

发现运动发展迟缓或发育障碍的孩子，可通过询问发育史及临床观察，也可通过标准化发育筛查量表进行发育筛查，最后通过发育诊断量表，方可做出发展迟缓的诊断。对于一般婴幼儿运动发展迟缓，可采用功能训练方法加以干预。

抱姿训练

该训练用于改善肌张力异常，缓解躯干后仰，下肢伸直、内收、呈剪刀状。不同类型的孩子可采用不同的抱姿。

若孩子能够抱住训练员颈部，且躯干控制能力较好时，则可用一只手托住孩子的臀部，并使其双腿分开，放在训练员一侧髋部的前后。

若孩子不能抱住训练员颈部，且躯干控制能力差时，则可用一只手扶住孩子的肩部，另一只手扶住臀部，并将其双腿分开放在训练员腰髋部的两侧。

头部稳定性训练

即训练婴幼儿头部的灵活及稳定性，促进发育缓慢的孩子发展抬头动作，缓解颈部僵直。将孩子俯卧在楔形垫或枕头上，肘关节屈曲，前臂着床，肩、肘呈一直线，训练人坐在孩子的一侧。若孩子头部不能抬起，可用一只手的食指和中指轻扶其下颌，另一只手轻叩其肩部，也可拿颜色鲜艳的玩具在孩子头的前方及两侧摇晃，诱导其向前方、侧方伸手取物，逐渐出现各方向的保护性反应。

坐位稳定性训练

用于增强坐位稳定性，改善小心肌张力异常和坐不稳，如直接拉成直立位的姿势。小儿俯卧位，双手支撑抬头、抬胸，或仰卧时双上肢伸展，将孩子缓慢自仰卧位拉至坐位。

翻身训练

用于发展翻身动作，同时增加关节灵活度。对不会翻身的孩子，在仰卧时，将翻动侧的下肢屈曲，并辅助屈曲腿带动身体旋转，或握住翻动侧上肢使其伸展、内收，带动躯干翻转。

爬行训练

用于发展孩子的爬行动作，改善孩子的肌张力异常。在孩子肘支撑的基础上训练手支撑、手膝跪姿。根据不同的发育状况，在孩子的肩部或髋部给予适当扶持，当孩子能独立完成手膝跪姿后，在孩子的侧前方放置一些玩具，让孩子抓握，并在此基础上进行爬行训练。

也可跪于孩子的身后，用双手分别握住孩子的两踝关节，当孩子向前伸出右手时，将孩子的左腿推向前；当孩子向前伸出左手时，则将右腿推向前，由此反复训练。

跪立训练

用于抑制下肢伸肌痉挛，可提高骨盆对下肢的控制和协调能力，是成功站立和步行训练的基础。训练时，孩子的两腿之间可夹持枕头或其他物体；用双手扶住孩子的双侧髋部，或一手抵住胸部，一手托住臀部，反复做躯干的上下运动；然后进行单腿跪立到双腿跪立的训练，训练者应扶住孩子髋部，使身体重心移向跪侧下肢，变为双腿跪立位。接着进行另一侧的训练，反复进行。

站立训练

针对不同的发育情况，进行相应的训练。

若训练站立的稳定性，可用下蹲活动，增加膝、踝、肘、腕等关节灵活性。将孩子双腿分开，用双手扶住孩子髋部，孩子能够较稳定地站立后，用双手抓住孩子双手，训练孩子下蹲、起立及单腿站立，必要时给予协助。

针对走路时足跟不着地，用足尖走路，两腿交叉的孩子，可在孩子仰卧时，四指握其足跟，以手掌压向足心，使其足向小腿方向背屈，以利于矫正尖足、稳定踝关节，从而更好地进行站立和行走训练。

行走训练

用于纠正异常姿势，促进婴儿学习走路，同时缓解肌张力异常。训练者站在孩子对面，扶住孩子双侧上臂，先在一侧给予向上、向前牵拉，以便孩子下肢向前迈步，然后训练对侧。可反复进行，也可采用学步车训练。

用 Bobath 球进行俯卧位手撑训练

用于肌张力训练，可矫正异常姿势、异常动作。当婴幼儿不能正常地用手支撑时，此训练可促进正常用手支撑动作的发展，同时还可促进躯干及四肢运动的稳定性，促进头部、肩胛骨和上肢运动的分离。将孩子俯卧位轻放在 Bobath 球上，训练者站在孩子身后，用手支持孩子双肘部，使肘部伸直，肩关节充分屈曲、外旋，同时尽可能使腕关节伸展，拇指外展，手指展开。

为了做到肩关节的外旋，可使孩子的两手手掌相对。操作时可先让孩子俯卧位肘支撑，并轻轻上下震动 Bobath 球，使孩子放松，持续约 1 分钟后，将球向前、向后推，同时抓住肘部扶直，形成手支撑，并逐步使其肩关节外旋，手指外展，诱导孩子将头部和胸部抬起。

训练后，当孩子手的支撑能力逐步增加时，则可逐步减少对孩子的支持。

需要提醒的是，在进行运动技能训练时，要注意动作姿势质量和对动作姿势转换过程的训练；在学习运动技能的过程中，应避免过早训练与年龄不相适应的动作或跳过某个动作阶段，即应按照运动发育的里程碑，实施爬行、站立及步行运动的练习。

附录二　0 ～ 3 岁婴幼儿大运动发展里程碑

动作类型	常规年龄（月龄）	等级项目
抬头	0 ～ 3	1. 仰卧时左右转动头部；
		2. 俯卧位时下巴和肩部离床，左右转动头部；
		3. 抱着或拉手坐时头竖直平稳；
		4. 俯卧位时手肘撑床，胸离床。
爬	6 ～ 9	1. 手臂带动身体与两腿前进，即匍匐爬行（7 个月）；
		2. 手膝爬行（7 ～ 8 个月）；
		3. 手脚爬行（8 个月）；
		4. 爬楼梯（12 个月）。
蹲	12 ～ 18	1. 可模仿下蹲动作，但无法蹲下；
		2. 借物蹲下；
		3. 独自蹲玩且不倒；
		4. 自如蹲、站。
跳	12 ～ 36	1. 有原地蹦跳动作但脚不离地；
		2. 离地蹦跳触物（2 岁能跳起来，跳的动作不协调，不会屈膝，不会重心前移），会从高处往下跳；
		3. 并足跳过障碍 5 处以上；
		4. 单脚跳。

附录三　0 ～ 3 岁婴幼儿精细动作发展里程碑

动作类型	常规年龄（月龄）	等级项目
双手配合	3 ～ 9	1. 双手可在胸前相握；
		2. 能两手各抓一个玩具；
		3. 玩具在两手之间传递；
		4. 双手各拿一个积木对敲。
对捏	8 ～ 10	1. 用拇指和食指配合捏起小丸；
		2. 拇指和食指侧面相向对捏；
		3. 拇指和食指指端对捏。
穿扣（珠）	21 ～ 30	1. 能用玻璃丝穿过扣眼（不会拉线）；
		2. 用玻璃丝穿过扣眼后，还会用另一只手将线拉出；
		3. 能熟练地穿 3 ～ 5 个扣子并能把线拉出。
折纸	24 ～ 36	1. 能将一张纸折两折或三折，边角对不齐；
		2. 能将一张纸折两折或三折，边角比较整齐；
		3. 会将 16 开纸折成边角比较整齐的长方形。
绘画	15 ～ 36	1. 自己拿笔在纸上乱涂；
		2. 模仿画直线；
		3. 模仿画圆；
		4. 模仿画十字。

附录四　世界卫生组织《5 岁以下婴幼儿运动、久坐和睡眠指南》

类目 年龄	运动	久坐	睡眠
0~1岁	每天以各种方式运动几次，尤其是在地板上的互动游戏，越多越好。对还不能自如移动的宝宝，清醒时贯穿一整天的至少 30 分钟的俯趴也是必需的。	每次限制性的活动不可超过 1 小时，例如，婴儿车内、高脚椅上或绑在护理者的背上。不建议看屏幕。静止的时候，照护人最好给宝宝讲故事或和宝宝一起阅读。	有 14 ～ 17 小时（0 ～ 3 月龄）或者 12 ～ 16 小时（4 ～ 11 月龄）的良好睡眠，包括小睡。
1~2岁	在各类体育活动中至少花 3 小时。强度不等，包括中等强度到高等强度的贯穿整天的体育活动，越多越好。	1 岁以上幼儿，每次限制性的活动不可超过 1 小时，例如婴儿车内、高脚椅上、绑在护理者的背上或长时间坐着。不建议久坐屏幕前（如看电视或视频、玩电脑游戏等）。 2 岁以上幼儿，久坐屏幕前的时间不应超过 1 小时，越短越好。久坐时，照护人最好给宝宝讲故事或和宝宝一起阅读。	应有 11 ～ 14 小时的良好睡眠，包括小睡。要有固定的睡眠时间和起床时间。
3~4岁	在各类体育活动中至少花 3 小时。强度不等，其中至少 1 小时是中等强度到高强度的体育活动，要贯穿整天，越多越好。	每次限制性的活动不可超过 1 小时，例如长时间坐着。久坐屏幕前不要超过 1 小时，越短越好。久坐时，照护人最好给宝宝讲故事或和宝宝一起阅读。	应有 10 ～ 13 小时的良好睡眠，包括小睡。要有固定的睡眠时间和起床时间。

附录五　全书操作视频索引表

进入“童芽”微信公众号，点击“看书”，点击《玩出大能力：0～3岁婴幼儿早期运动发展指南》，点击“拍图看视频”按钮，拍摄游戏配图均可观看游戏操作视频（需付费）。

附录六　国家免疫规划疫苗儿童免疫程序表（2021版）

可预防疾病	疫苗种类	接种途径	剂量	英文缩写	接种年龄														
					出生时	1月	2月	3月	4月	5月	6月	8月	9月	18月	2岁	3岁	4岁	5岁	6岁
乙型病毒性肝炎	乙肝疫苗	肌内注射	10μg或20μg	HepB	1	2					3								
结核病[1]	卡介苗	皮内注射	0.1mL	BCG	1														
脊髓灰质炎	脊灰灭活疫苗	肌内注射	0.5mL	IPV			1	2											
	脊灰减毒活疫苗	口服	1粒或2滴	bOPV					3								4		
百日咳、白喉、破伤风	百白破疫苗	肌内注射	0.5mL	DTaP				1	2	3				4					
	白破疫苗	肌内注射	0.5mL	DT															5
麻疹、风疹、流行性腮腺炎	麻腮风疫苗	皮下注射	0.5mL	MMR								1		2					
流行性乙型脑炎[2]	乙脑减毒活疫苗	皮下注射	0.5mL	JE-L								1			2				
	乙脑灭活疫苗	肌内注射	0.5mL	JE-I								1、2			3				4
流行性脑脊髓膜炎	A群流脑多糖疫苗	皮下注射	0.5mL	MPSV-A							1		2						
	A群C群流脑多糖疫苗	皮下注射	0.5mL	MPSV-AC												3			4
甲型病毒性肝炎[3]	甲肝减毒活疫苗	皮下注射	0.5或1.0mL	HepA-L										1					
	甲肝灭活疫苗	肌内注射	0.5mL	HepA-I										1	2				

注：1.主要指结核性脑膜炎、粟粒性肺结核等。

2.选择乙脑减毒活疫苗接种时，采用两剂次接种程序。选择乙脑灭活疫苗接种时，采用四剂次接种程序；乙脑灭活疫苗第1、2剂间隔7～10天。

3.选择甲肝减毒活疫苗接种时，采用一剂次接种程序。选择甲肝灭活疫苗接种时，采用两剂次接种程序。

附录七 0～12个月婴儿智力发展简表

领域 月龄	大运动	精细动作	语言	认知	社会性
新生儿（0～28天）	新生儿最早发展的基本动作是头部的动作。新生儿俯卧时不能抬头或能抬头15°，竖直抱时头颈部可以短暂挺立。	刚出生的新生儿具有先天的抓握反射，成人将两个食指分别伸到新生儿握着的双手里，新生儿会自动握紧手指。	新生儿出生后的第一声啼哭是最早的发音，也是以后语言的基础。新生儿的哭声可以用来表示身体的状态，并成为其得到注意的手段。	出生几天的新生儿就能注视或跟踪移动的物体或发光点。新生儿也具备了一定的听觉能力，用玩具（如拨浪鼓）在距离新生儿耳边10cm左右处发出声响，新生儿头部有明显的运动反应。	新生儿用不同的哭声来表达不同的生理需求，如饿了、尿了等。这是新生儿社会情绪发展的初始阶段。
第2个月	2个月的宝宝仰卧位时头可以自由转动，俯卧时抬头可达到45°左右。竖直抱时，头部可以挺立几秒甚至1分钟。	2个月的宝宝，手经常握拳，有时张开，这是以后抓握物体的基础。此时宝宝的两手偶尔能握在一起。	2个月的宝宝听到声音时，能转头寻找声源。这时期大人要经常与宝宝说话，宝宝会有表情反应。	2个月的宝宝能够注视红球，并随着红球的移动转移视线。宝宝可以缓慢注视手中的物品，并跟随物品上下移动视线。	此时期是宝宝养成良好的生活规律的初始阶段，大人要用心关注宝宝的睡眠、饮食、大小便习惯。
第3个月	宝宝俯卧位时，可以抬头90°。这时的宝宝还可以从仰卧位到侧卧位翻身。大人扶住宝宝双腋下竖直放在床上或地上，能感觉宝宝的腿部可以支撑一点重量。	3个月的宝宝两手能够接触在一起，看到物体会舞动双手，手中抓握物体后，经常送入口中。	这时的宝宝很容易被逗笑，而且能发出笑声。3个月的宝宝发音也会增多，能清晰地发出一些元音。	3个月的宝宝可以立刻注意到面前的玩具，并且可以灵敏地追随，眼睛可以跟随红球移动180°。	宝宝3个月的时候开始形成比较规律的生活习惯，每天睡眠、饮食、大小便等都有一定的规律。

续表

领域 / 月龄	大运动	精细动作	语言	认知	社会性
第4个月	俯卧时能用前臂支撑抬头挺胸，竖直抱时头能保持平衡；逐渐能从仰卧位翻身到侧卧位或俯卧位。	看见物体会有意识伸手接近物体，能准确抓握物体，够取悬吊的玩具；已经能用手摇花铃棒。	4个月是宝宝咿呀学语的开始阶段，在发元音的基础上可以发b、p、d、n、g和k等辅音，还能够发出da-da、ba-ba、na-na、ma-ma等重复音节，偶然出现的“ma-ma”好像是在叫妈妈。	已经可以调节视焦距，能看远或近的物体；听觉也更加灵敏，能够自如地转头寻找声源。	生活更加规律，睡眠常在夜间进行，白天清醒时间延长。此年龄段的宝宝可以舔食勺中的食物。
第5个月	5个月的宝宝可以比较熟练地从仰卧位翻到侧卧位，再翻到俯卧位。拉坐竖直身体，可以靠着大人或物体独坐片刻。	5个月的宝宝手部动作逐渐增加，探索意识增强，可以准确伸手抓握物体，摇晃、敲击、摸索的动作较多。	5个月的宝宝能够模仿大人发音，有时也会自发地发出一些不清晰的音节。此年龄段的宝宝对自己的名字已有反应，有人叫其名字时能回头。	当玩具掉到地上，或滚落到某个角落时，宝宝可以用目光跟随寻找失落的玩具。	5个月的宝宝消化功能增强了，手也能握住东西，可以自己将饼干喂到嘴里。
第6个月	6个月的宝宝可以独坐一会儿。大人扶着他站立时，会有蹿跳的动作感觉。这时的宝宝能够趴着往前蹭，这是爬行的基础。	6个月的宝宝能够抓取小物体。这时的宝宝还会扔掉东西，再捡起，反复操作。玩积木等玩具时可以倒手。	6个月的宝宝能听懂一些语气，可以听声音辨别熟悉的人物。可以发出“da-da、ma-ma”等音。	6个月的宝宝已经有一定的记忆能力，能够区别熟悉的人和陌生的人。	此年龄段的宝宝对大小便的指令有声音反应。许多固体的食品也都可以自己喂食到嘴里。
第7个月	7个月的宝宝已经能坐稳了，还可以连续翻滚。宝宝开始用上肢和腹部匍匐爬行，但这时的宝宝上肢与下肢的动作还不能协调配合。	7个月的宝宝能够准确地抓握物体，双手可以对击玩具，会将一只手的东西传递到另一只手中。	这个时期的宝宝已经能懂得“不”的意思，可以理解一些语言，能够清晰发出“pa-pa”的声音。	玩玩具时，如果手中有东西，可以先扔掉手中的玩具，再去拿另一个。	这个时期的宝宝可以用杯子喝水，能够关注自己经常使用的东西，如奶瓶、手绢等。
第8个月	8个月的宝宝俯卧时能用四肢支撑身体，使腹部离开床面，逐渐从匍匐爬行发展为手膝爬行。这个时期，一部分宝宝可以扶物站起，并且自己能坐下。	8个月的宝宝拇指、食指的动作更加协调，能够捏取比较小的物品。这时宝宝的食指也比较灵活，经常喜欢将食指伸入小洞或用食指拨弄物体。	这个时期的宝宝开始理解语言和动作的联系，比如“拿起”“放下”等，并能够按照指令操作，可以清晰地发出“嗒嗒”的声音。	这个时期的宝宝可以持续用手追逐玩具。将玩具用手绢等盖住，他能够掀动手绢寻找玩具。	8个月的宝宝能够将食物送到嘴里，但会弄得很脏。

续表

月龄 \ 领域	大运动	精细动作	语言	认知	社会性
第9个月	9个月的宝宝爬得更快，动作更加协调了，并且可以有花样爬行动作。这个时期的宝宝可以在大人的帮助下站立、蹲下，可以自己扶着家具走。	9个月的宝宝能将手中的小物品投人容器中，如将小球投到小桶中。	9个月的宝宝处在善于模仿语言的阶段，大部分音节都可以模仿，经常能听到这个时期的宝宝喃喃自语。	这个时期的宝宝喜欢看带鲜艳图画的书，也喜欢听成人讲故事。9个月的宝宝能掀开小杯，寻找杯子里扣着的小玩具。	这个时期的宝宝大小便可以坐便盆。成人给宝宝穿衣服时，宝宝能够伸手、伸脚配合。
第10个月	10个月的宝宝扶着大人一只手可以站起来，从站姿可以坐下。这个时期的宝宝能够自己推开门。	10个月的宝宝可以将物品放进容器，再拿出来；能够打开杯盖，再练习盖上，虽然盖得不十分好，但已经有这种意识。	10个月的宝宝更加喜欢模仿大人说话的声音，可以听懂大人的简单指令，如“来！来！”或“再见”等，还可以明白“爸爸呢？”“妈妈在哪？”等问题。	这个时期的宝宝可以用食指表示1岁，能够一边翻书页，一边看图、看字等；还可以掀开盒盖，寻找盒内的东西。	穿脱衣服时能主动配合。
第11个月	11个月的宝宝爬行自如，可以翻越障碍；自己扶着栏杆能够蹲下；被人牵着一只手能走几步；扶栏杆能将脚下的球踢开。	11个月的宝宝会用手势表示需要，能用手握笔在纸上乱涂乱画，能将书打开又合上，能够将盖子盖上或打开。	11个月的宝宝可以模仿单音节词，用一个音表示要求；有时会装着会说话的样子，模仿大人的语气，说出一连串莫名其妙的话。	这个时期的宝宝能够指出图画中有特点的部分，能够模仿推玩具小车等活动。	这个时期的宝宝能够熟练地使用勺子自己吃半餐饭，可以养成良好的进餐习惯。
第12个月	12个月的宝宝能够独自站立，并且可以独走几步，弯腰能再站起来。	12个月的宝宝手部动作控制力更强，可以用笔在纸上画出清晰的笔印；会翻书。部分宝宝能用两块积木搭高。	12个月的宝宝主动发音的概率增多，能清晰地发出大部分音节。	宝宝看见铅笔、橡皮等知道用；走到自己家门口或者熟悉的地方知道用手指。	能上桌子同大人一起吃饭；已学会摘掉帽子和戴上帽子。

附录八　婴儿身高体重发育表

女婴身高体重发育表

指标 月龄	身长（单位：cm）			体重（单位：kg）			头围（单位：cm）		
	下限值	中间值	上限值	下限值	中间值	上限值	下限值	中间值	上限值
出生时	46.4	49.7	53.2	2.54	3.21	4.10	31.6	34.0	36.4
1月	49.8	53.7	57.8	3.33	4.20	5.35	33.8	36.2	38.6
2月	53.2	57.4	61.8	4.15	5.21	6.60	35.6	38.0	40.5
3月	56.3	60.6	65.1	4.90	6.13	7.73	37.1	39.5	42.1
4月	58.8	63.1	67.7	5.48	6.83	8.59	38.3	40.7	43.3
5月	60.8	65.2	69.8	5.92	7.36	9.23	39.2	41.6	44.3
6月	62.3	66.8	71.5	6.26	7.77	9.73	40.0	42.4	45.1
7月	63.6	68.2	73.1	6.55	8.11	10.15	40.7	43.1	45.7
8月	64.8	69.6	74.7	6.79	8.41	10.51	41.2	43.6	46.3
9月	66.1	71.0	76.2	7.03	8.69	10.86	41.7	44.1	46.8
10月	67.3	72.4	77.7	7.23	8.94	11.16	42.1	44.5	47.2
11月	68.6	73.7	79.2	7.43	9.18	11.46	42.4	44.9	47.5
12月	69.7	75.0	80.5	7.61	9.40	11.73	42.7	45.1	47.8

男婴身高体重发育表

指标 月龄	身长（单位：cm）			体重（单位：kg）			头围（单位：cm）		
	下限值	中间值	上限值	下限值	中间值	上限值	下限值	中间值	上限值
出生时	46.9	50.4	54.0	2.58	3.32	4.18	32.1	34.5	36.8
1月	50.7	54.8	59.0	3.52	4.51	5.67	34.5	36.9	39.4
2月	54.3	58.7	63.3	4.47	5.68	7.14	36.4	38.9	41.5
3月	57.5	62.0	66.6	5.29	6.70	8.40	37.9	40.5	43.2
4月	60.1	64.6	69.3	5.91	7.45	9.32	39.2	41.7	44.5
5月	62.1	66.7	71.5	6.36	8.00	9.99	40.2	42.7	45.5
6月	63.7	68.4	73.3	6.70	8.41	10.5	41.0	43.6	46.3
7月	65.0	69.8	74.8	6.99	8.76	10.93	41.7	44.2	46.9
8月	66.3	71.2	76.3	7.23	9.05	11.29	42.2	44.8	47.5
9月	67.6	72.6	77.8	7.46	9.33	11.64	42.7	45.3	48.0
10月	68.9	74.0	79.3	7.67	9.58	11.95	43.1	45.7	48.4
11月	70.1	75.3	80.8	7.87	9.83	12.26	43.5	46.1	48.8
12月	71.2	76.5	82.1	8.06	10.05	12.54	43.8	46.4	49.1

注：本数据采用了原卫生部妇幼保健与社区卫生司2009年9月发布的《中国7岁以下儿童生长发育参照标准》。为了方便阅读理解，在这里我们将+2SD（2个标准差）设为上限，−2SD设为下限，在上限和下限之间视为一般状态。

附录九　儿童生长发育曲线图

（出处：世界卫生组织儿童生长标准）

0～5岁女孩身（长）高生长曲线图

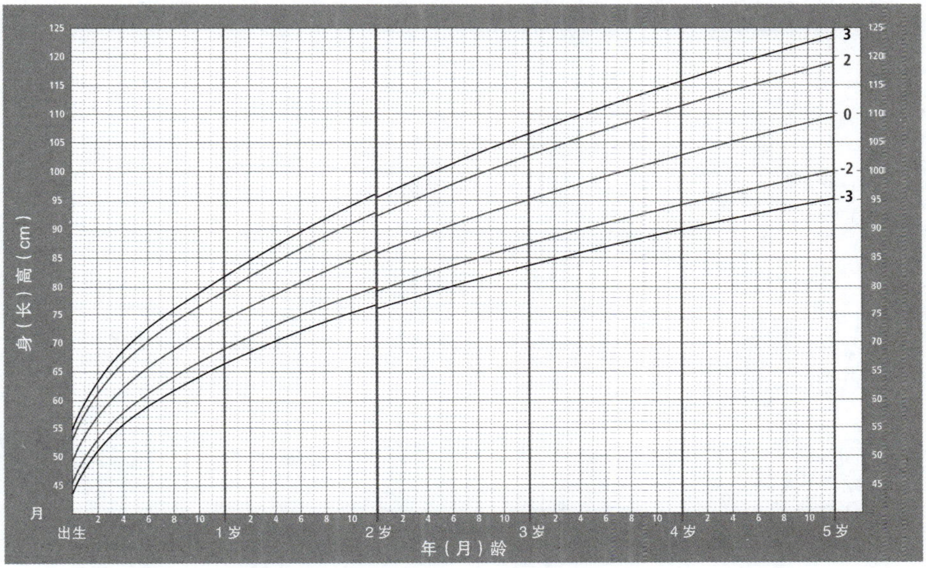

0～5岁男孩身（长）高生长曲线图

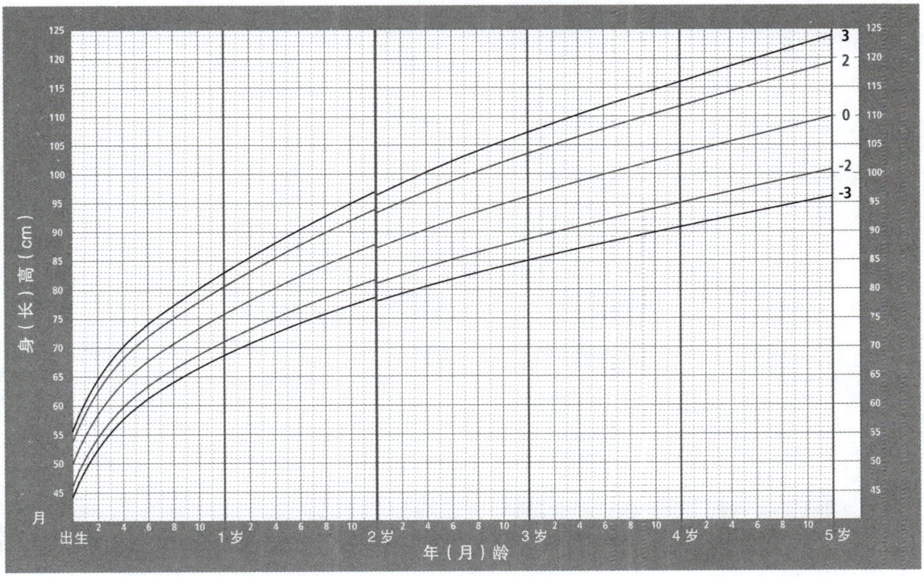

0～5岁女孩体重生长曲线图

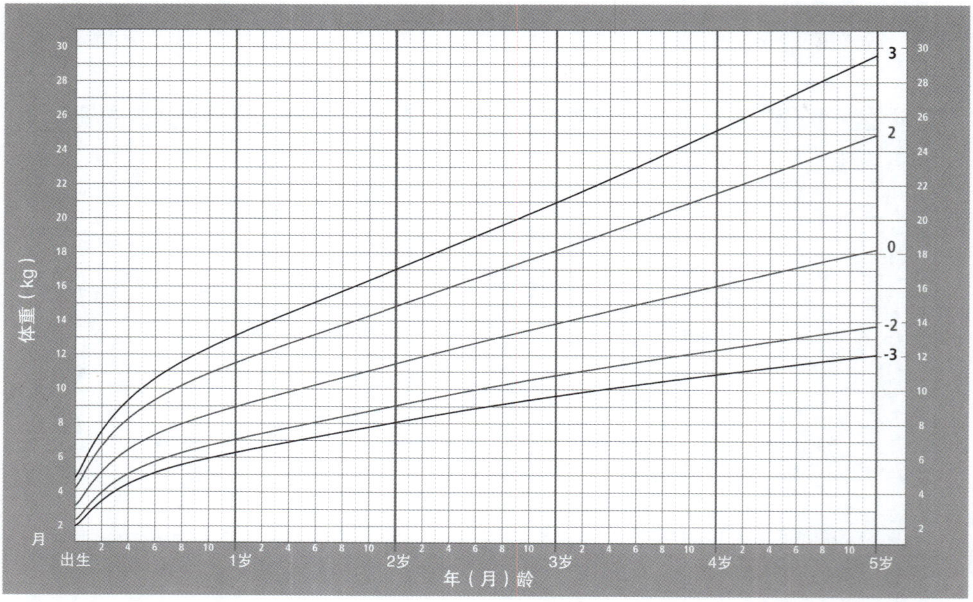

0～5岁男孩体重生长曲线图

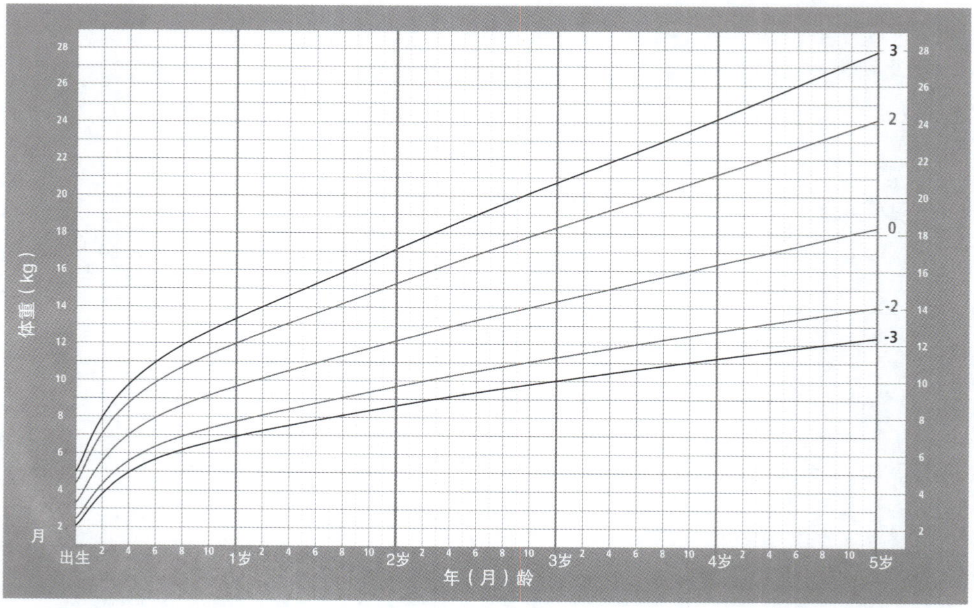

0～5岁女孩BMI生长曲线图

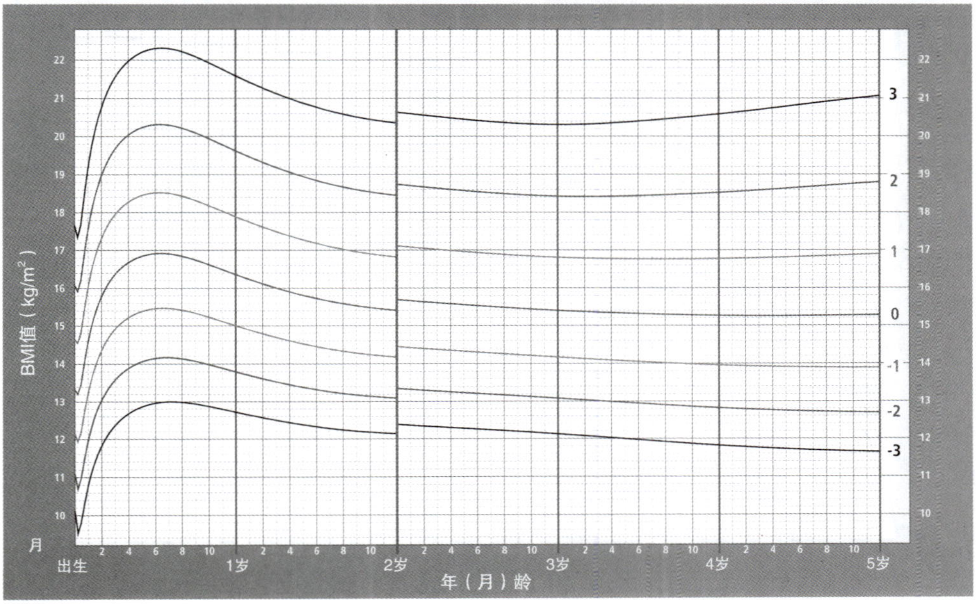

0～5岁男孩BMI生长曲线图

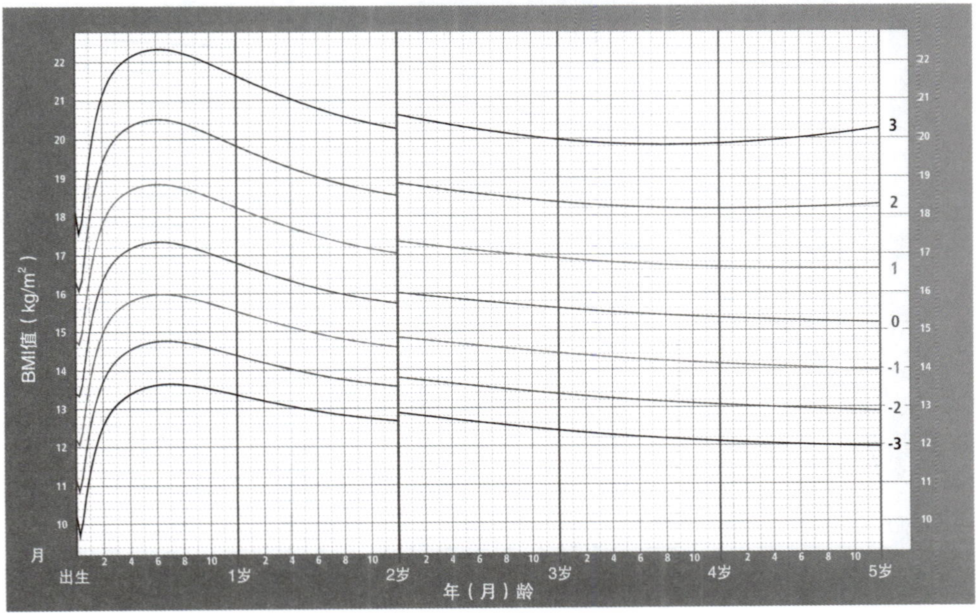